세밀화로 그린 보리 어린이

민물고기
도감

세밀화로 그린 보리 어린이
민물고기 도감 (보급판)

글 김익수, 보리 편집부
그림 박소정
감수 김익수
취재 자문 조성장, 이학영
세밀화 디렉터 이원우

도와주신 분 공수전분교 어린이들(강원 양양), 김상현(강원 평창), 김수환(전북대학교), 김익승(서울 화양초등학교), 김태완(인천)
변산공동체 식구들, 서승석(경기 김포), 신용균(경기 파주어촌계), 심재열(강원 평창), 양현(생물다양성연구소)
유동수(경기 남양주 조안물고기), 이완옥(국립수산과학원 내수면생태연구소), 이정운(경기 연천 장남매운탕)
이홍헌(생물다양성연구소), 장명식(경기 파주어촌계건강원), 탁동철(속초 청호 초등학교 교사)

초판 편집 김용란, 김종현, 안지혜, 이상민, 이정희, 전광진
디자인 이안디자인

기획실 김소영, 김수연, 김용란 | **디자인** 한아람 | **제작** 심준엽 | **영업마케팅** 심규완, 양병희, 윤민영 | **영업관리** 안명선
새사업부 조서연 | **경영지원실** 차수민 | **인쇄** (주)로얄 프로세스 | **제본** 과성제책

초판 1쇄 펴낸 날 2007년 12월 10일
보급판 1쇄 펴낸 날 2016년 4월 15일 | **7쇄 펴낸 날** 2025년 4월 28일
펴낸이 유문숙
펴낸 곳 (주)도서출판 보리
출판 등록 1991년 8월 6일 제9-279호
주소 (10881)경기도 파주시 직지길 492
전화 영업 (031) 955-3535, 편집 (031) 950-9542 | **전송** (031) 950-9501
누리집 www.boribook.com | **전자우편** bori@boribook.com

ⓒ 보리, 2007
이 책의 내용을 쓰고자 할 때는 저작권자와 출판사의 허락을 받아야 합니다.
잘못된 책은 바꿔 드립니다.
값 25,000원

보리는 나무 한 그루를 베어 낼 가치가 있는지 생각하며 책을 만듭니다.

ISBN 978-89-8428-916-1 76400
ISBN 978-89-8428-901-7 (세트)
이 도서의 국립중앙도서관 출판예정도서목록(CIP)은 서지정보유통지원시스템 홈페이지(http://seoji.nl.go.kr)와
국가자료공동목록시스템(http://www.nl.go.kr/kolisnet)에서 이용하실 수 있습니다. (CIP 제어번호:CIP2016007442)

제품명 : 도서 제조자명 : (주)도서출판 보리 주소 : (10881) 경기도 파주시 직지길 492 전화번호 : (031) 955-3535
제조년월 : 2025년 4월 제조국 : 대한민국 사용연령 : 8세 이상 주의사항 : 책의 모서리가 날카로우니 다치지 않게 주의하세요.
KC마크는 이 제품이 공통안전기준에 적합하였음을 의미합니다.

세밀화로 그린 보리 어린이

민물고기 도감

우리 강에서 사는 민물고기 90종

그림 **박소정** | 감수 **김익수**

보리

일러두기

1. 우리나라에는 산골짜기, 냇물, 강, 저수지와 늪에 민물고기 200종쯤 살고 있습니다. 이 책에는 흔하게 볼 수 있는 민물고기 90종이 실려 있습니다. 세밀화는 모두 살아 있는 물고기를 취재해서 보고 그렸습니다. 취재한 때와 곳은 그림 아래에 써 놓았습니다.

2. 민물고기는 분류 순서대로 실었습니다. 분류는 《한국의 민물고기》(김익수, 박종영, 교학사, 2002)를 따랐습니다. 김익수 선생님께 여쭤 보고 순서를 바로잡기도 했습니다.

3. 맞춤법과 띄어쓰기는 《띄어쓰기 편람 - 우리말 우리글 바로쓰기 사전》(이승구 외, 대한교과서주식회사, 2003, 서울), 국립 국어원의 《표준국어대사전》을 따랐습니다. 분류에서 과(科) 이름은 알아보기 쉽도록 사이시옷을 빼고 '잉엇과'를 '잉어과'로 표기했습니다. 고유 명사로 쓰는 '파주 어촌계'는 '파주어촌계'로 붙여 썼습니다. 그 밖에 '파주출판도시'와 '보령민물생태관' 따위도 붙여 썼습니다.

4. 물고기의 북녘 이름은 《조선의 어류》(최여구, 과학원출판사, 1964, 평양), 《동물원색도감》(과학백과사전출판사, 1982, 평양)에서 찾아 넣었습니다. 다른 이름은 《쉽게 찾는 내 고향 민물고기》(최기철, 이원규, 현암사, 2002)에서 찾아 넣었습니다. 취재하면서 마을 사람들에게 들은 이름도 넣었습니다.

5. '우리 이름 찾아보기'에서는 물고기 이름을 가나다차례로 실었습니다. 북녘 이름도 한 개씩 찾아보기에 넣었습니다. '학명 찾아보기'에서는 학명을 abc 차례로 실었습니다.

6. 물고기 몸길이는 머리부터 꼬리자루까지 잰 길이입니다.

7. 본문 보기

우리나라에만 사는 물고기라는 뜻입니다.

이름 학명

취재한 때와 곳

목, 과 이름을 달아 놓았습니다.　생김새를 설명한 글입니다.　다른 이름, 북녘 이름, 사는 곳, 먹이, 알 낳는 때, 분포 따위를 보기 쉽게 따로 묶어 두었습니다.

차례

일러두기 4
그림으로 찾아보기 8
민물고기 18
우리 겨레와 민물고기 19
우리나라 강 20
민물고기 생김새 22
민물고기 생태 24
    한해살이
    먹이
    짝짓기
    알 낳기
    알에서 어른 물고기가 되기까지
    제 몸 지키기와 숨기

민물고기가 사는 곳 32
    상류 | 산골짜기
    중류 | 냇물
    하류 | 강
    고인 물 | 저수지와 늪

우리나라에 사는 민물고기

칠성장어목
칠성장어과 42

철갑상어목
철갑상어과 44

뱀장어목
뱀장어과 46

잉어목
잉어과 48
납자루아과 56
모래무지아과 68
황어아과 106
피라미아과 112
강준치아과 120
종개과 126
미꾸리과 132

메기목
동자개과 152
메기과 160
퉁가리과 164

바다빙어목
바다빙어과 168

연어목
연어과 172

동갈치목
송사리과 176

큰가시고기목
큰가시고기과 178

드렁허리목
드렁허리과 180

쏨뱅이목
둑중개과 182

농어목
꺽지과 186
검정우럭과 190
동사리과 194
망둑어과 200
버들붕어과 208
가물치과 210

덧붙이기
민물고기 잡기 214
보호해야 할 민물고기 219
민물고기 기르기 220

우리 이름 찾아보기 226
학명 찾아보기 228
참고한 책 230

그림으로 찾아보기

칠성장어목

다묵장어 42

철갑상어목

철갑상어 44

뱀장어목

뱀장어 46

잉어목

잉어 48

이스라엘잉어 50

참붕어 68
돌고기 70
감돌고기 72
쉬리 74
가는돌고기 73
몰개 78
중고기 76
줄몰개 80
긴몰개 81

왕종개 140
기름종개 141
부안종개 142
미호종개 144
점줄종개 146
수수미꾸리 148
좀수수치 150

메기목

동자개 152
눈동자개 154
대농갱이 155

꼬치동자개 156

밀자개 158

메기 160

미유기 162

자가사리 164

퉁가리 166

바다빙어목

빙어 168

은어 170

연어목

열목어 172

산천어 174

동갈치목

송사리 176

큰가시고기목

가시고기 178

드렁허리목

드렁허리 180

쏨뱅이목

둑중개 182
꺽정이 184

농어목

쏘가리 186
꺽지 188

민물고기

　물고기는 물속에서 사는 동물이다. 물고기 무리라는 뜻으로 '어류'라고도 한다. 물고기는 바닷물고기(해수어)와 민물고기(담수어)로 나눌 수 있다. 강이나 냇물에 흐르는 물과 저수지에 고인 물을 '민물'이라고 하는데, 민물에서 사는 물고기가 '민물고기'다. 민물은 소금기가 없어 바닷물처럼 짜지 않다. 민물고기는 대개 바닷물에서는 못 살지만 뱀장어나 연어처럼 바다와 강을 오가는 물고기도 있다.

　지금까지 세계에 알려진 물고기는 24,000여 종인데, 우리나라에는 1,000여 종이 산다. 800여 종은 바다에서 살고, 200여 종은 민물에서 산다. 민물고기 가운데 50여 종은 우리 땅에만 사는 것들이다. 우리나라에는 크고 작은 강이 많아서 다양한 민물고기들이 살고 있다.

우리 겨레와 민물고기

　우리나라에는 빼어난 산과 맑은 물이 흐르는 강이 많다. 그래서 옛날부터 우리 땅을 '비단에 수를 놓은 것처럼 아름답다.'는 뜻으로 금수강산이라고 했다. 조상들은 큰 강을 따라서 터를 잡고 마을을 이루며 살았다. 강 둘레는 물이 넉넉하고 땅이 기름져서 농사를 지으며 살 수 있었다. 그뿐 아니라 강에서 잡은 물고기, 참게, 우렁이, 다슬기, 조개 따위는 중요한 먹을거리이기도 했다.
　우리 조상들은 살림 도구나 자연 속에서 얻을 수 있는 것들을 써서 물고기를 잡았다. 광주리나 채로 물고기를 뜨기도 하고, 가마니 속에 소똥을 넣어 물에 담가 두었다가 파고든 물고기를 잡기도 했다. 또 독이 있는 여뀌와 가래나무 뿌리를 짓찧어 물에 풀어 잡기도 했다. 밤에 횃불을 물에 비춰서 잠을 자는 물고기를 줍듯이 뜨기도 하고 요즘에는 잘 쓰지 않지만 쵕이, 통발, 작살, 가리 같은 도구를 쓰기도 했다.
　옛날 사람들은 모내기를 마치고 한가한 틈을 타서 냇물이나 강에서 물고기를 잡아 나누어 먹기도 했는데 이것을 '천렵'이라고 한다. 요즘에는 논에 농약을 치고 공장 폐수와 생활하수 때문에 강물이 더러워지고 물고기가 많이 줄어들어서 천렵 같은 풍습이 점점 사라지고 있다.

물고기와 수질 _ 민물고기로 알아보는 물의 등급

1급수	아주 맑아서 사람도 그냥 마실 수 있다.	
	버들치, 버들개, 둑중개, 열목어	
2급수	물에 들어가 물놀이를 할 수 있다.	
	피라미, 갈겨니, 쉬리, 은어, 돌고기	
3급수	물이 더러워 속이 안 보인다.	
	붕어, 잉어, 미꾸리, 미꾸라지, 메기	
4급수	물빛이 까맣고 냄새가 난다. 썩은 물이다.	
	물고기가 살 수 없다.	

우리나라 강

우리나라에는 큰 강이 많다. 강물은 산골짜기에서 시작해서 들판을 지나 바다로 흐른다. 개울이 모여 냇물이 되고 냇물은 강으로 모여들고 강물은 바다로 흐른다. 우리나라는 장마철에 비가 많이 내려서 여름에 강물이 불어난다.

우리나라는 동쪽으로 태백산맥과 함경산맥이 높이 솟아 있고 서쪽으로 너른 들판이 펼쳐져 있다. 강은 거의 높은 동쪽에서 낮은 서쪽으로 흐른다. 그래서 큰 강은 서해나 남해로 흘러든다. 동쪽에 있는 강은 높은 산골짜기에서 곧장 동해로 흐르기 때문에 강폭이 좁고 물줄기가 짧다. 강이 짧아서 살고 있는 물고기 종류도 적다.

우리나라 강은 산맥과 물줄기를 기준으로 여러 갈래로 나누기도 하는데, 그것을 '수계'라고 한다. 냇물 같은 작은 물줄기가 모여 큰 강을 이룰 때, 이것을 같은 수계로 보고 큰 강 이름을 붙여서 나눈다.

우리나라에는 한강 수계, 금강 수계, 만경강·영산강 수계, 섬진강 수계, 낙동강 수계, 동해안 수계가 있다. 수계에 따라서 그곳에서만 사는 물고기가 있다. 그리고 강에 따라서 사는 물고기가 조금씩 다르다.

수계마다 사는 물고기 종류

한강·임진강	가는돌고기, 눈불개, 돌상어, 두우쟁이, 묵납자루, 배가사리, 새코미꾸리, 쉬리, 어름치, 연준모치, 열목어, 점몰개, 참종개, 한강납줄개, 흰수마자
금강	금강모치, 감돌고기, 눈불개, 돌상어, 미호종개, 배가사리, 어름치, 참종개, 퉁사리, 흰수마자
만경강·영산강	퉁사리, 꺽저기, 남방종개
섬진강	모래주사, 왕종개, 은어, 임실납자루, 줄종개, 큰줄납자루
낙동강	꺽저기, 꼬치동자개, 새코미꾸리, 수수미꾸리, 열목어, 왕종개, 큰줄납자루, 흰수마자
동해안	금강모치, **가시고기**, 동방종개, 버들개, 북방종개, 연어, 은어, **한둑중개**, **황어**

귀화동물

다른 나라에서 들어와 우리나라에서 살게 된 동물을 '귀화동물'이라고 한다. 물고기 가운데 배스, 블루길, 떡붕어, 이스라엘잉어 따위가 귀화동물이다. 이 가운데 배스와 블루길은 아주 흔하게 볼 수 있다. 이 두 물고기는 먹성이 좋아서 토박이 물고기들을 닥치는 대로 잡아먹을 뿐만 아니라 알을 많이 낳아서 숫자가 금방 불어난다. 그래서 요즘에는 토박이 물고기를 보호하려고 일부러 잡아 없애기도 한다. 귀화동물에는 물고기 말고도 황소개구리와 붉은귀거북 따위가 있다.

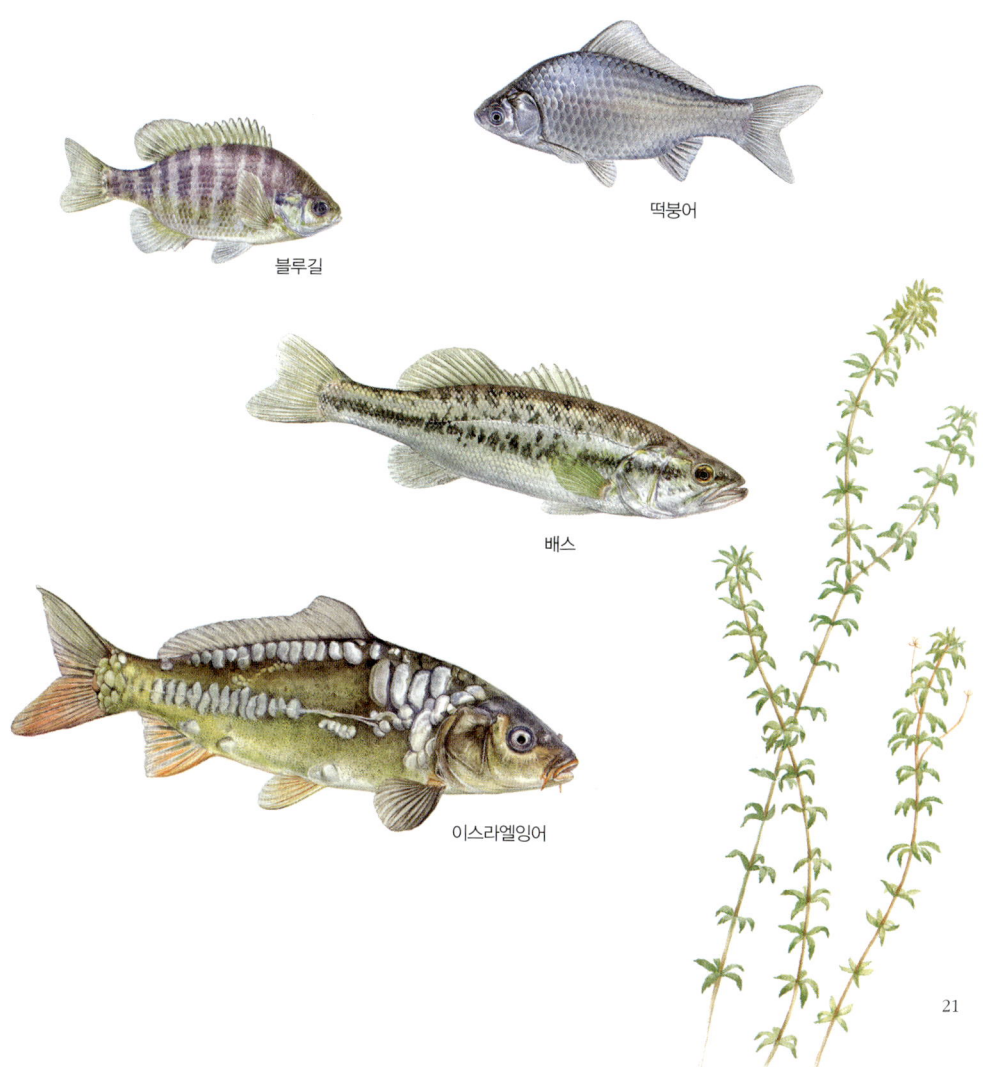

떡붕어

블루길

배스

이스라엘잉어

민물고기 생김새

　물고기는 몸매가 날씬하고 매끈하게 생겼다. 그래서 힘을 들이지 않고 물을 가르며 헤엄을 칠 수 있다. 온몸이 비늘로 덮여 있는데 비늘은 동물의 털이나 살갗처럼 물고기 몸을 보호한다. 비늘은 물고기가 자랄 때 같이 커진다. 비늘이 없는 물고기들은 매끈한 살갗에서 미끈거리는 물이 나와서 벌레가 붙는 것을 막아 준다. 물고기 몸은 크게 머리, 몸통, 꼬리와 지느러미로 이루어져 있다. 머리에는 입, 눈, 콧구멍, 아가미가 있다. 아가미로 숨도 쉬고 먹이도 걸러 먹는다. 입으로 뻐끔뻐끔 물을 마시고 아가미로 물속에 녹아 있는 산소를 빨아들인다. 이산화탄소와 물은 도로 내보낸다. 콧구멍으로는 냄새만 맡는다. 물고기는 대부분 눈꺼풀이 없다. 그래서 잠을 잘 때도 눈을 감지 못하고 뜬 채로 잔다.

잉어 생김새

등지느러미 자세를 바로잡는다.
비늘 물고기 몸을 보호한다.
꼬리지느러미 헤엄칠 때 빠르기를 조절한다.
눈 눈꺼풀이 없어서 눈을 감지 못한다.
콧구멍 후각 세포가 있어서 냄새를 맡는다.
뒷지느러미 자세를 바로잡는다.
배지느러미 방향을 바꾸거나 평형을 유지한다.
옆줄 몸통에서 꼬리자루까지 옆으로 쭉 이어져 있다.
입 먹이를 먹거나 물을 들이마신다.
아가미 숨도 쉬고 먹이도 걸러 먹는다.
가슴지느러미 평형을 유지한다.

몸통과 꼬리에는 지느러미가 붙어 있다. 물고기는 뭍에서 사는 동물에게 있는 다리가 없고 대신 지느러미로 헤엄쳐 다닌다. 지느러미를 써서 물속에서 가만히 멈춰 있기도 하고 쏜살같이 앞으로 가기도 한다. 등지느러미와 뒷지느러미로 자세를 바로잡고 꼬리지느러미를 휘저어 앞으로 나아가거나 빠르기를 조절한다. 가슴지느러미와 배지느러미는 평형을 유지할 때 쓴다.

물고기 몸통 양옆에는 작은 구멍이 있는 비늘이 아가미 뒤부터 꼬리까지 한 줄로 늘어서 있는데 이것을 '옆줄'이라고 한다. 물고기는 옆줄로 물이 깊은지 얕은지, 차가운지 뜨거운지 알 수 있다. 옆줄로 둘레에 무엇이 있는지도 알아차리고 바위 따위를 피해 이리저리 헤엄쳐 다닌다.

물고기는 사는 곳에 따라서 몸 생김새가 조금씩 다르다. 바닥 가까이에 살면 배가 평평하고, 헤엄을 잘 치는 물고기는 몸매가 날씬하다. 진흙을 잘 파고드는 물고기는 길쭉하고 매끈하다. 물살이 느린 곳에 살면 납작하게 생겼다.

여러 가지 민물고기 생김새

민물고기 생태

한해살이

　물고기는 스스로 몸 온도를 조절할 수 없다. 개구리나 뱀처럼 둘레 온도에 따라서 몸 온도가 바뀌는 변온동물이다.
　민물고기는 봄과 여름에 가장 많이 볼 수 있다. 봄과 여름에는 물 온도가 적당하고 먹이가 많아서 물고기가 살기 좋다. 알도 봄에서 여름 사이에 많이 낳는다. 이때 물풀이나 물벌레 같은 먹이가 많아서 새끼 물고기도 잘 자란다.
　냇물이 꽁꽁 어는 겨울에는 잘 먹지도 않고 움직이지도 않는다. 물 깊은 곳으로 가서 겨울을 난다. 돌 밑이나 가랑잎 아래로 들어가기도 하고 진흙 속이나 물풀 덤불에 들어가서 겨울을 난다. 물이 깊은 곳은 물 온도가 쉽게 바뀌지 않고 고르다. 물이 뜨거운 한여름에도 잘 돌아다니지 않고 먹이도 안 먹는다. 민물고기는 1~3년쯤 사는데 큰 물고기 가운데 20년 넘게 사는 것도 있다.

먹이

　민물고기가 먹는 것은 아주 다양하다. 물속에서 사는 작은 동물인 물벼룩이나 노벌레, 옆새우, 아메바, 짚신벌레 따위를 먹고 산다. 물에 떠서 살거나 돌에 붙어서 사는 돌말 같은 아주 작은 식물도 먹는다. 하루살이 애벌레, 강도래 애벌레, 잠자리 애벌레 같은 물벌레, 실지렁이, 새우, 다슬기, 조개 따위를 잡아먹는다. 물풀을 뜯어 먹기도 한다. 메기나 가물치처럼 다른 물고기를 잡아먹는 육식성 물고기도 있다.
　은어는 어릴 때 작은 동물을 먹고 자라다가 강으로 올라오면 돌에 붙어 있는 돌말을 훑어 먹는다. 돌고기도 돌말을 쪼아 먹는다. 돌말은 돌뿐 아니라 물속에 있는 썩은 나무나 물풀에도 잔뜩 달라붙어서 산다. 모래무지는 모래 속에 있는 작은 물풀과 벌레를 걸러 먹고 남은 모래는 뱉어 낸다. 어름치는 다슬기를 잡아 먹기도 하는데 다슬기를 돌에 깨뜨려 속만 빼 먹는다. 퉁가리는 날도래 애벌레 집을 통째로 삼킨 뒤에 애벌레만 빼 먹고 집은 뱉어 낸다.

여러 가지 민물고기 먹이

짝짓기

민물고기는 알을 낳아서 자손을 늘리고 퍼뜨린다. 개나 호랑이 같은 짐승은 어미가 배 속에서 새끼를 키운 뒤에 낳지만, 물고기는 암컷과 수컷이 짝을 지어 물속에 알을 낳는다. 알은 봄에서 여름 사이에 많이 낳는데 이때가 되면 수컷은 대부분 혼인색을 띤다.

짝짓는 때가 되면 수컷은 알 낳을 곳을 미리 봐 두거나 지키면서 암컷을 기다린다. 밀어는 알자리로 돌을 고르는데 그 밑에 들어가 지킨다. 납자루 수컷은 조개를 찾아다니고 버들매치는 진흙 바닥을 파고 청소를 한다. 짝을 지을 때 암컷과 수컷이 서로 몸을 이리저리 움직여서 신호를 보내는 물고기도 있다. 각시붕어 수컷은 춤을 추듯이 헤엄치면서 암컷이 알 낳을 곳으로 쫓아오게 한다. 짝짓는 철에 수컷들은 암컷이나 알자리를 서로 차지하려고 싸우기도 한다.

짝짓기 하는 민물고기

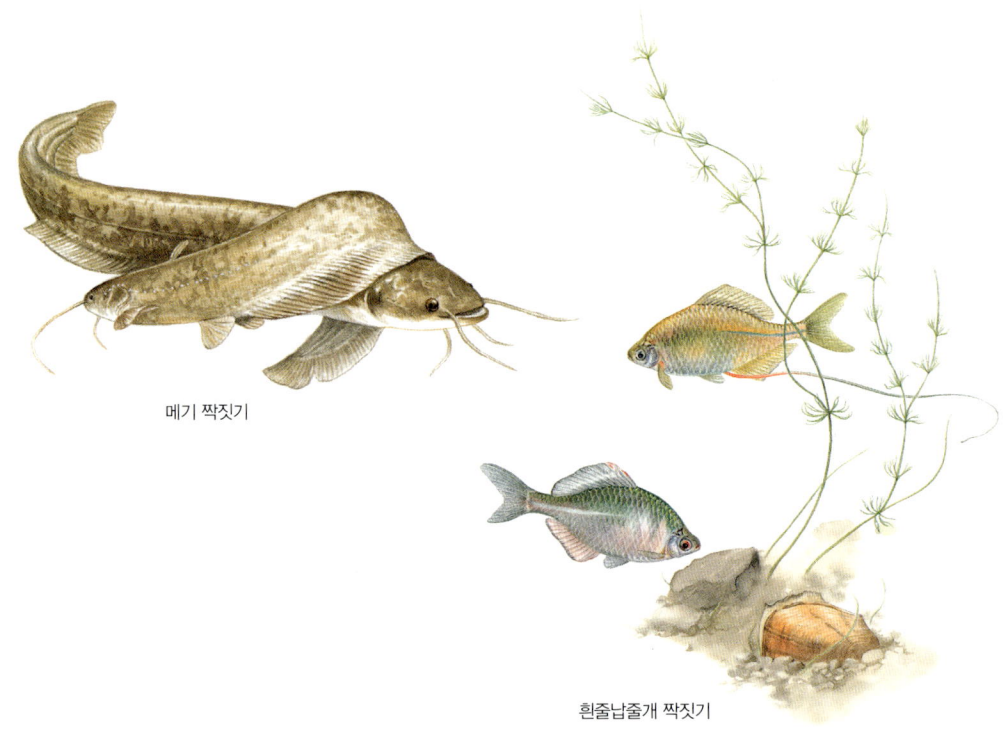

메기 짝짓기

흰줄납줄개 짝짓기

혼인색

　민물고기는 짝짓는 철이 되면 몸 색깔이 바뀐다. 이것을 '혼인색을 띤다.'라고 한다. 몸 색깔이 진해지고 화려하게 바뀌거나 주둥이와 지느러미에 우툴두툴한 돌기가 생긴다. 피라미와 납자루 수컷은 몸 색깔이 알록달록해지고 주둥이에 돌기가 잔뜩 돋아난다. 그 돌기로 암컷 배를 자극해서 알을 낳게 한다. 암컷은 알을 품고 있어서 배가 불룩해진다. 개구리 무리와 뱀 무리 동물도 짝짓는 때가 되면 혼인색을 띠어 몸 색깔이 바뀐다. 물고기 수컷들이 혼인색을 띠는 까닭은 자기 몸빛을 강하게 해서 암컷 눈에 잘 띄게 하고 암컷을 꾀어내기 위해서다.

혼인색을 띤 민물고기

금강모치 수컷

버들붕어 수컷

가시납지리 수컷

갈겨니 수컷

피라미 수컷

끄리 수컷

알 낳기

　민물고기는 봄부터 여름 사이 물이 따뜻하고 먹이가 많을 때에 알을 낳는다. 물고기는 알을 많이 낳는데 암컷 한 마리가 수백에서 수만 개를 낳는다. 알을 수십만 개나 낳는 물고기도 있다. 하지만 알에서 깨어난 새끼 가운데 아주 적은 수만 어른이 된다. 다른 물고기나 물속에 사는 동물들이 알을 주워 먹거나 어린 새끼를 많이 잡아먹기 때문이다.

　물고기 알은 개구리 알처럼 속이 훤히 비치고 아주 말랑말랑하다. 알을 물풀이나 돌 밑에 붙이기도 하고 모래나 진흙을 파서 그 속에 낳기도 한다. 미꾸라지나 참종개 같은 미꾸리과 물고기는 수컷이 암컷 몸을 둘둘 감고 조여 알을 짜낸다. 갈겨니나 피라미는 암컷과 수컷이 나란히 헤엄치면서 뒷지느러미로 모래와 자갈 바닥을 조금 헤집고 알을 낳는다. 가시고기와 가물치는 물풀로 둥지를 만들어 알을 낳는다. 납자루 무리와 중고기 무리는 조개 몸속에 알을 낳는다. 암컷이 알을 낳으면 수컷이 정자를 뿌려서 알을 수정시킨다.

　알을 낳은 뒤에 그냥 두기도 하지만 애써 지키는 물고기도 있다. 꺽지나 가물치, 가시고기, 동사리는 수컷이 알을 지킨다. 어름치는 알이 물살에 떠내려가지 않게 자갈을 물어다가 알자리에 쌓는다.

알 낳을 둥지를 짓는 가시고기

물고기 가운데 바다로 내려가서 알을 낳는 것도 있고 강으로 올라와서 낳는 물고기도 있다. 뱀장어와 은어는 바다로 내려가고 연어와 황어는 알을 낳으러 강으로 올라온다.

체외 수정

'수정'은 난자와 정자가 만나서 하나가 되는 것을 말한다. 물고기는 다른 동물과 다르게 몸 밖에서 정자와 난자가 만난다. 이것을 '체외 수정' 또는 '몸밖정받이'라고 한다. 암컷이 물속에 알(난자)을 낳으면 수컷이 정자를 뿌려서 알을 수정시킨다. 수정이 잘 되게 하려고 암컷이 알을 낳자마자 수컷이 정자를 뿌리거나, 알에서 정자를 꾀는 물질을 내놓기도 한다. 체외 수정을 하는 동물에는 물고기 말고도 개구리와 도롱뇽이 있다. 뭍에서 사는 말이나 멧돼지 같은 동물은 대부분 수컷이 정자를 암컷 몸속으로 들여보내 수정을 한다. 이것은 '체내 수정'이라고 한다.

납자루 무리는 말조개에 알을 낳는다.

중고기는 재첩에 알을 낳는다.

꺽지는 돌 밑에 알을 낳고 지킨다.

어름치는 알자리에 돌을 쌓아 둔다.

알에서 어른 물고기가 되기까지

물고기마다 알에서 새끼가 깨어나는 기간이 다르다. 짧게는 몇 시간, 길게는 한 달이 걸리기도 하는데 보통 일주일이 걸린다. 알이 깨어날 때까지 가장 크게 영향을 받는 것은 온도다. 낳은 지 2~3일쯤 지나면 알에서 눈이 생기고 물고기 몸을 거의 갖춘다. 새끼는 알 속에서 점점 자라다가 알을 뚫고 나온다. 갓 깨어난 새끼는 배에 알주머니가 달려 있는데 얼마 동안은 알주머니에 있는 영양분으로 살아간다. 새끼가 조금 더 자라면 알주머니가 없어지는데 그때부터는 작은 벌레를 잡아먹거나 돌말을 먹는다. 어릴 때는 물살이 느린 물가에서 살다가 자라면서 조금씩 깊은 곳으로 간다. 보통 몸집이 큰 물고기는 작은 물고기보다 더 오래 산다. 은어나 빙어는 한 해밖에 못 살지만 잉어나 메기는 수십 년을 살기도 한다.

송사리의 한살이

① **알 낳기** 알을 낳아 배에 매달고 있다가 물풀에 한 개씩 붙인다.

② **물풀에 붙어 있는 알들**

③ **낳은 지 5일째 된 알**
알 속에서 새끼가 자라고 있다. 눈이 까매지고 핏줄이 생기기 시작했다.

⑤ **새끼 송사리**
알주머니가 다 사라졌다. 물속에서 떼로 헤엄쳐 다니면서 작은 먹이를 먹는다.

④ **낳은 지 12일째 된 알**
알에서 새끼가 깨어 나오고 있다. 막 깨어난 새끼는 배에 알주머니를 매달고 다닌다.

제 몸 지키기와 숨기

민물고기는 다른 동물들이 잡아먹는 좋은 먹잇감이다. 수달, 물총새, 백로, 곰, 족제비, 너구리 같은 동물들이 물고기를 잡아먹는다.

민물고기는 위험을 느끼면 물풀 속이나 돌 밑으로 들어가 숨는다. 아주 재빨리 헤엄쳐서 달아나기도 한다. 몸집이 작은 물고기나 어린 물고기는 떼를 지어 헤엄쳐 다닌다. 떼를 지어 다니면 잘 잡히지 않기 때문이다. 모래무지나 기름종개는 모래 속으로 파고 들어가 숨고 미꾸라지는 진흙을 파고 들어간다. 피라미나 쉬리는 몸이 날씬하고 날렵해서 재빨리 헤엄쳐서 달아난다. 꺽지, 퉁가리, 동자개, 쏘가리는 몸에 가시가 있다.

육식성 물고기는 제 몸을 지키려고 숨기도 하지만 먹이를 잡아먹기 위해서 숨을 때가 많다. 돌 밑이나 물풀 사이에 들키지 않게 숨어야 다른 물고기를 잘 잡아먹을 수 있다. 동사리와 가물치는 몸이 얼룩덜룩해서 돌 밑이나 물풀 사이에 숨으면 감쪽같다. 꺽지는 몸 색깔을 둘레에 있는 돌이나 모래 색깔로 바꾸고 죽은 듯이 가만히 있다가 먹잇감이 다가오면 잽싸게 잡아먹는다.

둑중개

모래무지

동자개

민물고기가 사는 곳

상류 | 산골짜기에 사는 물고기

산골짜기에는 숲이 우거지고 큰 바위가 많아서 물줄기가 구불구불 흐른다. 물은 흐르면서 여울을 만나기도 하고 움푹 팬 웅덩이에서 **머물기**도 한다. 산골짜기 물가에는 도롱뇽이나 산개구리 같은 양서류가 살고 **다람쥐나 노루**, 오소리 같은 산짐승이 물을 먹으러 온다. 수달이나 물총새는 물가에서 **물고기**를 잡아먹고 산다.

산골짜기에는 아주 맑고 차가운 물이 흐른다. 한여름에도 발을 담그면 얼얼하다. 물이 맑아서 속이 훤히 보인다. 버들치나 쉬리는 이런 **맑고** 차가운 물에서 산다. 또 꺽지, 퉁가리, 미유기, 산천어, 둑중개, 열목어, 갈겨니도 살고 아주 깊은 골짜기에는 금강모치도 산다. 물속 바위와 돌에는 물고기가 먹고 사는 돌말이 붙어 있다. 돌 틈이나 가랑잎 밑에 사는 옆새우, 반딧불이 애벌레, 날도래 애벌레, 하루살이 애벌레, 뱀잠자리 애벌레 따위도 물고기 먹이다.

겨울이 되면 산골짜기는 꽁꽁 얼어붙는다. 물고기들은 **돌** 틈이나 **바닥에 깔린** 가랑잎 밑에 숨어서 겨울을 난다. 봄이 되어 날이 **풀리고 얼**음이 녹아 **흐르기 시작**하면 물살을 가르며 헤엄쳐 다닌다.

중류 | 냇물에 사는 물고기

　산골짜기에서 흘러내려 온 개울과 도랑물이 모여서 냇물을 이룬다. 냇물은 산자락이나 들판을 끼고 굽이굽이 흐른다. 물살이 센 여울이 있고, 물이 느릿느릿 흐르는 곳도 있다. 여울에는 돌이 많고 물살이 느린 곳에는 모래나 진흙이 깔려 있다. 물가에는 여뀌나 고마리 같은 풀이 자라고 있고 버드나무처럼 물가를 좋아하는 나무도 아름드리 서 있다. 참개구리와 옴개구리는 물에서 헤엄치고 물새는 물을 들여다보면서 물고기를 잡아먹는다.

　냇물 여울에는 갈겨니와 피라미가 떼를 지어 헤엄쳐 다닌다. 물이 느리게 흐르는 물 가장자리에는 각시붕어나 납자루가 물풀 사이를 천천히 헤엄친다. 모래무지나 버들매치는 모래와 진흙 바닥에서 산다.

　냇물에는 우리나라에만 사는 민물고기가 많다. 어름치, 배가사리, 새코미꾸리, 참종개, 왕종개, 퉁가리, 자가사리, 꺽지, 감돌고기, 돌상어, 꾸구리, 모래주사는 우리나라에만 사는 물고기다.

냇물에 사는 물고기는 물속에 있는 자갈이나 모래밭에 알을 낳는다. 물가에 수북하게 난 검정말이나 물수세미 덤불에 알을 붙이기도 한다. 동사리는 돌 밑이나 돌 틈에 알을 낳고 곁에서 돌본다. 강에서 사는 누치와 두우쟁이는 냇물까지 올라와서 알을 낳는다. 새끼 물고기는 냇물 가장자리에서 떼 지어 살다가 겨울이 되면 깊은 곳에 있는 돌 밑이나 물풀 덤불에 들어가서 지낸다.

하류 | 강에 사는 물고기

　냇물이 흘러서 강을 이루고 강은 바다로 흘러간다. 강물은 아주 넓고 깊다. 가끔 물살이 센 곳도 있지만 물이 천천히 흐르는 곳이 많다. 강여울에는 자갈이 깔려 있지만 물살이 느린 곳은 모래와 진흙이 쌓여 있다. 강바닥에는 말조개, 두드럭조개, 재첩, 펄조개, 콩조개 같은 조개가 산다. 강가에는 갈대나 물억새가 높다랗게 자라고 물속에는 물풀이 수북하게 나 있다. 물풀이 우거진 곳은 먹잇감이 많기도 하지만 물고기가 숨기에도 좋다.

　강에는 작은 물고기도 살지만 커다란 물고기가 많다. 누치나 잉어, 붕어, 끄리, 쏘가리, 강준치가 살고 바닥에는 모래무지, 동사리, 미꾸리, 동자개, 뱀장어, 메기가 산다. 아주 맑은 물이 흐르는 강에는 냇물에 사는 물고기도 많이 산다.

강어귀

　강어귀는 강물과 바닷물이 만나는 곳이다. 강어귀는 너비가 넓고 깊어 물이 아주 느리게 흐른다. 밑바닥에는 모래와 진흙이 깔려 있다. 물때에 따라 바닷물이 들락날락한다. 그래서 강어귀에는 민물에 사는 물고기와 바다에 사는 물고기가 섞

여서 산다. 민물고기 가운데서도 소금기에 잘 견디는 잉어, 붕어, 메기, 가물치, 송사리, 망둑어 무리가 산다. 바다에 알을 낳지만 강어귀에 올라와 자라는 숭어, 농어, 양태, 학공치, 복섬, 문절망둑 같은 물고기도 산다.

회유성 어류 | 강과 바다를 오가는 물고기

민물고기와 바닷물고기 가운데 바다와 강을 오가며 사는 종류가 있다. 강에서 살다가 바다로 내려가기도 하고, 바다에서 살다가 강으로 올라오기도 한다. 이런 물고기를 일컬어 '회유성 어류'라고 한다. 회유성 어류는 알을 낳거나 먹이를 찾아서 강과 바다를 오간다.

뱀장어, 무태장어는 강에서 살다가 깊은 바다로 내려가 알을 낳는다. 새끼는 바다에서 강으로 거슬러 올라와서 산다. 큰가시고기, 황복, 연어, 송어, 칠성장어, 뱅어는 바다에서 살다가 강에 올라와서 알을 낳는다. 알에서 깨어난 새끼는 물줄기를 따라 다시 바다에 가서 자란다. 은어, 한둑중개, 모치망둑, 갈문망둑, 검정망둑, 꾹저구는 강물과 바닷물이 만나는 강어귀에서 알을 낳고 때때로 강과 바다를 오가며 산다.

고인 물 | 저수지와 늪에 사는 물고기

우리나라에는 강이나 냇물뿐만 아니라 곳곳에 크고 작은 저수지와 늪이 있는데 이곳에도 물고기가 산다. 또 논과 논 둘레를 흐르는 논도랑, 웅덩이에도 물고기가 살고 있다. 저수지는 농사에 쓸 물을 가두어 두는 곳이고, 늪은 물이 자연스레 고여 생긴 것이다. 산골짜기에서 흘러내려 온 개울이 저수지나 늪으로 흘러들기도 하고 빗물이 고이기도 한다. 저수지와 늪은 비가 많이 오면 넘치기도 하고 날이 가물면 말라서 바닥이 드러나기도 한다. 계절에 따라서 물이 줄었다 늘었다 하는 것이다. 우리나라에는 벽골재와 주남저수지, 우포늪 같은 커다란 저수지와 늪이 많다.

저수지와 늪 둘레에는 갈대와 부들, 물억새가 자라고 물가에는 물달개비, 물옥잠, 창포가 자란다. 가래, 나사말, 물질경이, 마름, 개구리밥은 물 위에 떠서 산다. 물속에는 말즘, 검정말, 붕어마름, 물수세미가 수북이 난다. 물고기들은 물풀 사이에 숨어 있거나 물풀 근처에서 먹이를 잡아먹는다. 참붕어와 송사리는 떼를 지어 물풀 사이를 헤엄쳐 다닌다. 바닥에는 동사리나 메기가 물풀 덤불에 숨어 있다. 작

은 물고기도 살지만 가물치나 잉어 같은 커다란 물고기도 산다. 흐린 물에서 사는 붕어, 드렁허리, 미꾸라지도 산다.

저수지와 늪에는 물고기 먹이가 되는 아주 작은 벌레가 많다. 모기 애벌레인 장구벌레와 실지렁이, 잠자리 애벌레가 산다. 물속에는 물고기가 먹는 아주 작은 식물들이 떠 다닌다. 이런 작은 식물은 물속에서 햇빛으로 광합성을 하면서 영양분을 만든다.

저수지와 늪에는 다른 동물들도 많이 산다. 참개구리, 금개구리, 황소개구리도 살고 남생이, 자라, 물뱀도 산다. 논병아리, 쇠물닭, 중대백로, 왜가리, 개개비 같은 물새들도 물가에서 산다.

우리나라에 사는 민물고기

칠성장어목
철갑상어목
뱀장어목
잉어목
메기목
바다빙어목
연어목
동갈치목
큰가시고기목
드렁허리목
쏨뱅이목
농어목

다묵장어 *Lampetra reissneri*

몸길이는 15~20cm다. 몸이 가늘고 길쭉하다. 몸에 비늘이 없고 살갗이 매끈하다. 등은 진한 밤색인데 배는 하얗다. 작고 뾰족하고 딱딱한 이빨이 있다.

2007년 3월 전북 완주 만경강

다묵장어는 눈 뒤에 작은 구멍이 일곱 개 숭숭 뚫려 있어서 '칠공장어'라고도 한다. 아가미 대신 그 구멍으로 숨을 쉰다. 입은 둥근 빨판으로 되어 있는데 돌에 붙이고 가만히 물살에 몸을 맡기기도 한다.

다묵장어는 맑은 물이 흐르는 냇물이나 강에서 산다. 큰 돌 밑에 숨어 있다가 밤에만 나와서 돌아다닌다. 알은 4~6월 사이에 낳는다. 모랫바닥을 우묵하게 판 뒤 알을 낳고는 묻는다. 알에서 깨어난 새끼는 모래 속에 묻혀 사는데 눈이 살갗으로 덮여 있어 앞을 못 본다. 입은 동그랗지 않고 삐죽하다. 어릴 때는 모래 속에 사는 조그만 벌레나 아주 작은 물풀을 아가미로 걸러 먹는다. 새끼로 3년쯤 자라다가 4년째 되는 가을이면 다 자란다. 어른이 되면 입이 동그래진다. 다 자라면 아무것도 먹지 않고 소화 기관도 퇴화된다. 이듬해 봄에 알을 낳고 암컷과 수컷 모두 죽는다.

다묵장어는 맑은 물에만 사는데 요즘 물이 더러워지면서 줄어들었다. 함부로 못 잡게 나라에서 법으로 보호하고 있다.

다묵장어 입

다른 이름 칠공장어, 칠성고기, 홈뱀장어, 칠성구무자
북녘 이름 모래칠성장어, 말배꼽
사는 곳 냇물, 강, 저수지
먹이 작은 물벌레, 진흙, 작은 물풀
알 낳는 때 4~6월
분포 우리나라, 중국, 일본, 러시아

철갑상어 *Acipenseriformes (Acipenser sinensis)*

베스테르철갑상어
몸길이가 1~2m다. 큰 것은 8m를 넘기도
한다. 몸통이 두툼하고 길다. 몸이 짙은
밤색인데 배는 하얗다. 주둥이가 앞으로 길게
나와 있는데 끝이 뾰족하다.

2007년 4월 충남 보령민물생태관

몸에 갑옷을 두른 것 같다고 '철갑상어'라고 한다. 몸통에 큼지막한 비늘이 다섯 줄 나 있다. 등에 한 줄, 몸 옆에 두 줄, 배에 두 줄 있다. 몸집이 커지면 비늘 한 개가 손바닥만 해지기도 하는데 아주 두껍고 억세다. 옛날 북아메리카와 러시아 사람들은 철갑상어 비늘로 나무 깎는 도구를 만들어 썼다.

철갑상어는 강이나 강어귀에서도 살고 바다에서도 산다. 몸길이가 사람 키보다 더 큰 것도 있다. 물 밑바닥에서 헤엄쳐 다니며 먹이를 잡아먹는다. 주둥이 밑에 난 수염을 바닥에 닿게 질질 끌면서, 먹이가 있는지 없는지 알아본다. 조개나 게, 새우 따위를 잡아먹고, 물벌레나 작은 물고기도 잡아먹는다. 입은 크지만 작은 것을 먹고 산다.

철갑상어 무리는 26종이다. 세계 곳곳에 널리 퍼져 산다. 우리나라에는 철갑상어, 용상어, 칼상어가 산다. 철갑상어 알은 소금에 절여서 '캐비아'라는 음식으로 먹는다. 살코기도 먹고, 기름은 약으로 쓴다. 요즘에는 여러 나라에서 살코기와 알을 얻으려고 일부러 기른다. 우리가 흔히 보는 철갑상어는 다른 나라에서 일부러 들여와 기르는 것들이다.

다른 이름 철갑장군, 가시상어, 호랑이상어, 심어
사는 곳 강, 강어귀
먹이 조개, 게, 새우, 작은 물고기
분포 세계 여러 나라

뱀장어 *Anguilla japonica*

몸길이는 60~100cm다. 큰 것은 1m가 넘게 자라기도 한다. 몸은 짙은 밤색이거나 검다. 사는 곳에 따라서 노르스름하거나 푸르스름한 것도 있다. 주둥이는 뾰족하고 눈이 작다.

2006년 5월 경기 파주어촌계

뱀장어는 꼭 뱀처럼 생겼다고 '뱀장어'다. 몸이 길쭉하고 살갗이 미끌미끌하다. 몸통은 둥글지만 꼬리는 납작하다. 긴 물고기라고 그냥 '장어'라고도 한다. 강이나 냇물에서 사는데 저수지나 늪에서도 볼 수 있다. 장마철에 강물이 불어나면, 물 밖으로 나와 구불구불 기어서 늪이나 저수지로 옮겨 가기도 한다. 물 밖에서도 몸에 물이 마르지 않으면 얇은 살가죽으로 숨을 쉰다.

뱀장어는 돌 틈이나 진흙 속에 숨어 있다가 밤에 나온다. 새우나 물고기를 잡아먹고 진흙을 파헤쳐서 지렁이와 물벌레도 잡아먹는다. 입속에 작고 뾰족한 이빨이 잔뜩 나 있어서 껍데기가 딱딱한 게도 부수어 먹는다. 겨울에는 진흙 속이나 돌 밑에 들어가 아무것도 안 먹고 지낸다.

뱀장어는 가을이 되면 강어귀로 내려가서 겨울을 난다. 이듬해 봄에 아주 먼 바다에 나가 알을 낳는다. 새끼는 바다에서 자라다가 봄이 되면 강으로 올라온다. 강에서 5~12년쯤 살면 어른이 된다. 알을 낳을 때가 되면 다시 자기가 태어난 바다로 가서 알을 낳고 죽는다.

옛날에는 뱀장어를 약으로 썼다. 기름이 많고 영양가가 높아 몸이 허약한 사람들에게 고아 먹였다. 요즘에는 봄에 강으로 올라오는 새끼 뱀장어를 잡아서 기른다. 뱀장어는 구워 먹으면 맛이 좋아서 사람들이 즐겨 찾는다.

다른 이름 장어, 짱어, 물장어, 우멍장어, 거무자
사는 곳 강, 냇물, 늪, 저수지
먹이 새우, 게, 실지렁이, 작은 물고기, 물벌레
알 낳는 때 4~6월
분포 우리나라, 중국, 일본, 대만, 베트남

잉어 *Cyprinus carpio*

몸길이가 30~100cm쯤 된다. 몸빛은 누르스름한데 등은 짙고 배는 연하다. 강에 사는 것은 푸른 밤색이 돈다. 지느러미가 주황색을 띠거나 노랗다.

2007년 1월 충남 부여 금천

잉어는 덩치가 아주 크다. 어른 다리통만 하게 자라기도 하는데 큰 것은 몸길이가 1m도 넘는다. 몸이 통통한데 옆으로 조금 납작하다. 비늘이 켜켜이 줄지어 있다. 머리가 크고 입술이 두툼하다. 작은 것은 붕어와 닮았는데 잉어는 주둥이에 수염이 나 있다.

잉어는 저수지나 댐, 강이나 냇물에서 산다. 강보다는 저수지나 연못처럼 고인 물을 더 좋아한다. 물풀도 먹고 작은 게와 어린 물고기도 잡아먹는다. 주둥이로 진흙을 들쑤셔서 벌레가 나오면 입술을 나팔처럼 쑥 내밀고 재빨리 먹이를 삼킨다. 겨울이 되면 깊은 곳에 모여들어 꼼짝 않고 지낸다. 그러다가도 무엇에 놀라면 자리를 옮겨 간다.

잉어는 4~7월 사이에 알을 낳는다. 새벽녘에 암컷하고 수컷이 짝을 지어 물풀이 우거진 물가에 나온다. 둘이 뒤엉켜서 배를 뒤집고 푸드덕거리며 물풀에 알을 붙인다. 알자리를 여러 번 옮기면서 알을 낳는다.

잉어는 옛날부터 일부러 길러 왔다. 몸이 허약한 사람이나 아기를 낳은 산모에게 푹 고아서 먹이기도 한다. 또 가까이 두고 보려고 연못에 놓아기르기도 한다. 잉어는 오래 살아서 30년을 넘게 살기도 한다.

다른 이름 황잉어, 잉에, 발갱이, 주래기, 멍짜
사는 곳 저수지, 댐, 연못, 강, 냇물
먹이 물벌레, 물풀, 새우, 우렁이, 어린 물고기
알 낳는 때 4~7월
분포 세계 여러 나라

이스라엘잉어 *Cyprinus carpio*

몸길이는 30~60cm다. 몸에 비늘이 듬성듬성 나 있다. 잉어보다 몸통이 조금 더 통통하다. 몸통 한가운데에 비늘이 한 줄로 쭉 이어져 있는 것도 있고 비늘이 거의 없는 것도 있다.

2006년 10월 경남 진주 남강댐

이스라엘잉어는 흔히 '향어'라고 한다. 잉어와 닮았는데 몸에 비늘이 군데군데 나 있다. 비늘이 거의 붙어 있지 않은 것도 있다. 비늘이 없다고 '가죽잉어'라고도 한다. 오래 살면 40년 넘게 살기도 한다.

이스라엘잉어는 커다란 저수지나 댐에서 산다. 물이 느리게 흐르는 냇물이나 강에도 산다. 물 밑바닥에서 떼를 지어 헤엄쳐 다닌다. 물벌레나 지렁이, 조개나 물풀을 먹고 조그마한 물고기도 잡아먹는다. 아무거나 잘 먹는다. 새끼 때는 작은 물벌레를 잡아먹고 크면 새끼 참붕어 같은 물고기도 잡아먹는다. 알은 5~7월에 물풀이 우거진 곳에 낳아서 물풀 줄기나 잎사귀에 붙인다. 이스라엘잉어는 잉어보다 두 배쯤 빨리 자란다.

이스라엘잉어는 유럽에 사는 잉어와 독일에 사는 가죽잉어를 짝짓게 해서 생긴 물고기다. 우리나라에는 1973년에 이스라엘에서 들여와 기르기 시작했다. 사람들이 먹으려고 일부러 기른다. 큰 저수지와 댐에 풀어 놓으면서 우리나라 곳곳에 살게 되었다. 강과 냇물에도 많이 퍼져 있다. 낚시꾼들이 낚시로 잡기도 한다.

다른 이름 향어, 독일잉어, 물돼지, 가죽잉어
사는 곳 저수지, 연못, 냇물, 강
먹이 물벌레, 지렁이, 물풀, 작은 물고기, 조개
알 낳는 때 5~7월
분포 세계 여러 나라

붕어 *Carassius auratus*

몸길이는 5~30cm다. 큰 것은 50cm까지 자라기도 한다. 몸은 누런 밤색이거나 은빛이 도는 잿빛이다. 잉어와 닮았지만 더 납작하고 몸집이 작다. 주둥이에 수염이 없다.

2006년 6월 경기 파주출판도시 늪

붕어는 아주 흔하다. 저수지나 논도랑, 연못에서 많이 사는데 냇물이나 강에서도 산다. 옛날에는 논에도 많았다. 사는 곳에 따라 몸빛이 조금씩 다르다. 흐르는 물에 살면 은빛이 많이 돌고, 고인 물에 살면 누런색을 띤다. 몸빛이 은빛이면 '쌀붕어', 누런색이면 '똥붕어'라고 한다.

붕어는 물이 고여 있거나 느릿느릿 흐르는 물을 좋아한다. 물풀이 수북이 난 곳에서 몇 마리씩 무리를 지어 헤엄친다. 잉어처럼 물 밑바닥에서 진흙을 들쑤시며 먹이를 잡아먹는다. 물벼룩이나 물벌레, 거머리, 지렁이를 잡아먹는다. 물풀을 뜯어 먹기도 하고 물풀 씨앗도 먹는다. 아무거나 잘 먹는다.

알은 4~7월에 큰비가 온 뒤에 낳는다. 이때 머리와 주둥이, 지느러미에 좁쌀만 한 돌기가 솟는다. 암컷보다 수컷이 더 많이 생긴다. 새벽에 물풀이 수북한 물가에 모여 알을 낳는데 붕어말 같은 물풀에 알을 붙인다. 새끼는 2~3년쯤 자라면 어른이 되어 알을 낳는다. 10년쯤 살면 30cm까지 큰다.

붕어는 흔하고 맛도 좋아서 예전부터 많이 잡았다. 아무 데서나 잘 살아서 일부러 키우기도 한다. 몸이 허한 사람에게 고아 먹이기도 하고 붕어찜을 해서 먹는다.

다른 이름 참붕어, 똥붕어, 쌀붕어, 호박씨붕어
사는 곳 저수지, 연못, 늪, 냇물, 강, 논도랑
먹이 물벼룩, 거머리, 실지렁이, 물풀
알 낳는 때 4~7월
분포 우리나라, 아시아

떡붕어 *Carassius cuvieri*

몸길이가 15~40cm다. 붕어와 거의 똑같이 생겼다. 몸집이 붕어보다 크고 납작하다. 등이 툭 튀어나왔다. 머리도 앞으로 뾰죽 나왔다.

2006년 9월 충남 보령 봉당천

몸이 붕어보다 더 납작하다고 '떡붕어'라는 이름이 붙었다. 붕어 등은 둥그스름한데 떡붕어 등은 튀어나와 있다.

떡붕어는 흔하게 볼 수 있는 물고기다. 붕어처럼 저수지나 물살이 느린 냇물이나 강에서 산다. 물이 흐르는 곳보다 고여 있는 곳에 많다. 진흙이 깔려 있고 물풀이 수북한 곳을 좋아한다. 물벼룩, 거머리, 지렁이나 물풀을 먹고 산다. 알은 4~7월에 낳는다. 수컷 여러 마리가 암컷 한 마리를 따라다닌다. 암컷이 알을 물풀에 붙이면 수컷이 정액을 뿌려 수정시킨다. 떡붕어는 붕어보다 두 배쯤 빨리 자란다. 한 해 동안 10cm까지도 자란다.

떡붕어는 본디 일본에 있는 '비와 호'라는 커다란 호수에 살았다. 1972년에 들여와서 우리나라 강과 저수지에 풀어 놓으면서 널리 퍼지게 되었다. 지금은 토박이 붕어보다 훨씬 많아졌다. 사람들이 잡아서 먹지만 토박이 붕어보다 가시가 많고 맛이 없다.

사는 곳 저수지, 댐, 연못, 늪, 냇물, 강, 논도랑
먹이 물벼룩, 물풀, 거머리, 실지렁이, 조개
알 낳는 때 4~7월
분포 우리나라, 일본

흰줄납줄개 *Rhodeus ocellatus*

암컷

수컷

몸길이는 6~8cm다. 등은 푸르스름한 밤색이고 배는 하얗다. 몸통 가운데서 꼬리자루까지 파란 줄이 하나 쭉 나 있다. 몸이 아주 납작하다.

2005년 6월 경기 파주출판도시 늪

흰줄납줄개는 냇물이나 저수지에 산다. 물풀이 우거진 곳에서 여러 마리가 떼를 지어 헤엄쳐 다닌다. 물벼룩이나 실지렁이를 잡아먹고 물에 떠 다니는 작은 물벌레나 물풀을 먹는다.

흰줄납줄개는 몸집이 작으며 동그랗다. 등이 불룩 솟아 있고 주둥이가 툭 튀어나왔다. 알은 4~6월 사이에 낳는다. 이때가 되면 수컷 몸빛이 알록달록하게 바뀐다. 등은 파래지고 몸통은 빨개진다. 암컷은 배에서 긴 산란관이 나오는데 산란관이 몸길이보다 훨씬 길어지기도 한다. 암컷과 수컷이 어울려 다니면서 조개에 알을 낳는다. 암컷이 조개 구멍에 산란관을 꽂고 알을 낳으면 수컷은 정액을 뿌려 알을 수정시킨다. 새끼는 한 달쯤 뒤에 조개 몸 밖으로 나온다. 조개가 물을 내뿜을 때 빠져나온다. 두 해쯤 지나면 다 자라서 알을 낳을 수 있다.

흰줄납줄개는 사람들이 어항에 넣어 기르기도 한다. 집에서 기를 때 말조개, 대칭이 같은 조개를 넣어 주면 알 낳는 모습이나 새끼를 볼 수 있다.

다른 이름 흰납줄개, 흰납죽이, 꽃납지래기
북녘 이름 망성어
사는 곳 냇물, 저수지, 늪
먹이 실지렁이, 작은 물벌레, 물풀, 돌말
알 낳는 때 4~6월
분포 우리나라, 중국, 일본

각시붕어 *Rhodeus uyekii*

수컷

암컷

몸길이는 4~5cm다. 몸이 노랗고 몸통에 파란색 줄이 하나 있다. 아가미 뒤에 좁쌀만 한 파란 점이 한 개 있다. 수컷은 뒷지느러미 끝이 까맣다.

2004년 5월 경기 문산 문산천

각시붕어는 몸이 작고 납작하다. 등지느러미와 뒷지느러미 끝, 꼬리지느러미 가운데에 주황색 줄무늬가 있다. 몸 색깔이 알록달록 고와서 '꽃붕어'라고도 한다. 몸빛이 고와서 사람들이 두고 보려고 집에서 기르기도 한다.

각시붕어는 냇물이나 저수지에서 산다. 진흙이나 모래가 깔려 있는 곳을 좋아하며 떼를 지어 천천히 헤엄쳐 다닌다. 돌이나 물풀에 붙어서 사는 작은 물벌레와 물벼룩을 잡아먹는다. 실지렁이나 물풀도 먹고 돌말도 먹는다. 위험을 느끼면 돌 틈이나 물풀 속으로 얼른 숨는다. 예전에는 논도랑에도 많이 있어서 쉽게 잡을 수 있었다.

각시붕어는 5~6월에 알을 낳는다. 수컷은 온몸이 샛노래지고 보랏빛이 돈다. 주둥이에 오톨도톨한 돌기가 돋아난다. 암컷은 배에서 산란관이 나온다. 암컷과 수컷이 짝을 지어 여러 조개에 알을 낳는데 조개 한 마리에 열 개쯤 낳는다. 새끼는 한 해 자라면 알을 낳을 수 있다.

각시붕어는 조개가 없으면 살 수 없다. 요즘에 냇물이 더러워지면서 조개도 사라지고 각시붕어도 점점 줄어들고 있다.

다른 이름 색시붕어, 꽃붕어, 오색붕어, 비단붕어
북녘 이름 남방돌납저리
사는 곳 냇가, 저수지, 논도랑
먹이 물벼룩, 실지렁이, 작은 물벌레, 물풀, 돌말
알 낳는 때 5~6월
분포 우리나라

납자루 *Acheilognathus lanceolatus*

암컷

수컷

몸길이는 5~10cm다. 몸이 아주 납작하다. 등은 푸른빛이 도는 밤색이고 배는 은백색이다. 등지느러미와 뒷지느러미 끝에 붉은 띠가 있다. 입은 작은데 툭 튀어나왔다.
2004년 5월 경기 문산 문산천

납자루는 이름처럼 몸이 납작하다. 각시붕어와 닮았는데 몸집이 더 크고 입수염이 한 쌍 있다. 자갈이 깔려 있고 물이 무릎쯤 오는 냇물에 흔하다. 물살이 느린 강에도 살고 맑은 물이 고여 있는 저수지에서도 산다. 사람들이 어항에 넣어 기르기도 한다.

납자루는 헤엄을 잘 친다. 물살이 빠른 곳에서도 날래게 헤엄쳐 다닌다. 돌에 붙은 돌말을 먹거나 물풀을 먹고 실지렁이나 작은 물벌레도 잘 잡아먹는다. 봄에 조개 몸속에 알을 낳는다. 수컷 등이 짙은 푸른색으로 바뀌고 배는 보라색을 띠며 주둥이에 작은 돌기가 돋아난다. 암컷은 배에서 산란관이 나온다. 수컷이 조개를 찾으면 암컷이 와서 조개가 물을 내뿜는 구멍에 알을 낳는다. 수컷은 조개가 물을 빨아들이는 구멍에 정자를 뿌려서 알을 수정시킨다.

납자루 무리는 모두 조개에 알을 낳는다. 조개 몸속에 알을 낳으면 다른 물고기가 알을 못 주워 먹는다. 조개는 납자루 알을 맡는 대신 아주 작은 조개 새끼를 뿜어서 납자루 지느러미에 붙인다. 납자루는 여기저기 헤엄쳐 다니면서 새끼 조개를 여러 곳에 떨어뜨려 퍼뜨린다. 납자루와 조개처럼 서로 도우며 사는 것을 '공생'이라고 한다.

다른 이름 납죽이, 납줄이, 납때기, 철납띠기
북녘 이름 납주레기
사는 곳 냇물, 저수지, 강
먹이 실지렁이, 작은 물벌레, 물풀, 돌말
알 낳는 때 4~6월
분포 우리나라, 일본

칼납자루

암컷 2006년 9월 전북 정읍 산내

수컷 2007년 4월 전북 임실 섬진강

    칼납자루는 납자루와 닮았는데 몸 색깔이 밤색이다. 몸길이가 6~8cm고 수컷이 암컷보다 조금 크다. 입가에는 수염이 한 쌍 있다. 지느러미는 까만데 등지느러미와 뒷지느러미에 노란 띠무늬가 있다.

    칼납자루는 전라도나 경상도 지방에서만 볼 수 있는데 너른 들판을 끼고 흐르는 냇물이나 강에서 산다. 물풀이 많이 있는 곳에서 여러 마리가 떼를 지어 다닌다. 물풀도 먹고 돌에 붙어 있는 돌말이나 물벌레를 잡아먹는다. 알은 4~6월에 조개 몸속에 낳는다. 수컷은 몸빛이 파래지고 꼬리는 샛노랗게 바뀐다. 암컷은 배에서 까만 산란관이 나온다.

다른 이름 달붕어, 납조래기, 배납생이
북녘 이름 기름납저리
분포 우리나라
학명 *Acheilognathus koreensis*

줄납자루

암컷
수컷
2004년 9월 경기 연천 사미천

 줄납자루는 아가미 뒤에 새파란 점이 하나 있다. 이 점과 꼬리 사이에 같은 색깔의 가로줄이 길게 나 있고 몸통에 줄무늬가 여러 개 있다. 그래서 이름이 '줄납자루'다. 몸길이는 6~10cm다. 몸빛이 푸르스름한데 등은 보랏빛이 돌 만큼 짙고 배는 하얗다. 등지느러미와 뒷지느러미에 검은 세로줄 무늬가 있다. 뒷지느러미 끝에는 가늘고 하얀 줄이 나 있다.
 줄납자루는 냇물에도 살고 강이나 저수지에도 산다. 물살이 느리고 바닥에 진흙과 자갈이 고루 깔려 있는 곳에 산다. 알은 4~7월에 조개 몸속에 낳는다. 수컷은 가슴지느러미와 뒷지느러미 끝에 굵고 하얀 띠도 생긴다. 줄납자루는 8월쯤 알을 다 낳고 나면 뿔뿔이 흩어진다.

다른 이름 빈지리, 버들납데기, 행지리
북녘 이름 줄납주레기, 줄납저리
분포 우리나라
학명 *Acheilognathus yamatsutae*

납지리 *Acheilognathus rhombeus*

암컷

수컷

몸길이는 6~10cm다. 몸이 납작하다.
등은 푸르스름한 밤색이고 배는 하얗다.
입가에는 아주 짧은 수염이 한 쌍 있다.
2005년 8월 경기 문산 문산천

납지리는 물살이 느린 냇물이나 강에서 사는데 물이 맑은 저수지에서도 산다. 납자루와 비슷하지만 조금 더 크다. 납자루보다 몸통이 더 동그랗고 몸에 분홍빛이 돈다. 아가미덮개에는 밥알만 한 검푸른 점이 하나 있다.

납지리는 물풀이 많은 곳에 살면서 물풀을 뜯어 먹거나 작은 물벌레를 잡아먹는다. 몸이 납작해서 물에 떠내려가기 쉽다. 비가 와서 물살이 세지면 물풀 속으로 숨는다.

납지리는 다른 납자루 무리와 달리 가을에 알을 낳는다. 9~11월이 되면 혼인색을 띤 수컷을 볼 수 있다. 등이 파래지고 배와 지느러미는 빨개진다. 눈도 붉어지고 주둥이 끝에서 눈자위까지 자잘한 돌기가 잔뜩 돋는다. 암컷 배에서는 잿빛 산란관이 나온다. 다른 납자루 무리들처럼 말조개나 대칭이 같은 민물조개 몸속에 알을 낳는다.

납지리는 우리나라 곳곳에 널리 퍼져 살고 있다. 북녘에 있는 대동강에서도 사는데 북녘에서는 '납저리아재비'라고 한다.

납자루 무리가 알을 낳는 말조개

다른 이름 행지리, 망생어, 배납생이
북녘 이름 납저리아재비
사는 곳 냇물, 저수지, 강
먹이 물풀, 작은 물벌레, 깔다구 애벌레, 돌말
알 낳는 때 8~11월, 드물게 7월
분포 우리나라, 일본

가시납지리

Acheilognathus gracilis

수컷 2006년 6월 경기 문산 문산천

암컷 2006년 4월 전북 완주 만경강

몸길이는 8~12cm다. 몸은 납작하고 머리는 작다. 등지느러미와 뒷지느러미에 하얀 줄무늬가 두세 줄 있고, 배지느러미에는 굵고 하얀 줄이 있다.

등에 가시가 있다고 '가시납지리'라고 한다. 등지느러미에 딱딱하고 뾰족한 가시가 하나 있다. 잘못 만지면 찔리기도 한다. 납지리보다 몸집이 조금 더 크다. 등은 푸르스름한 밤색이고 배는 하얗다. 비늘이 은빛으로 반짝거린다. 아가미 뒤에 푸르스름하고 작은 반점이 하나 있다.

가시납지리는 탁한 물을 좋아한다. 냇물이나 강, 저수지에서 사는데 물살이 느리고 진흙이 깔린 곳에서 볼 수 있다. 작은 물벌레를 잡아먹거나 물에 떠 있는 작은 물풀을 먹는다.

가시납지리는 4~8월에 알을 낳는다. 수컷은 혼인색을 띠는데 등이 푸르스름해지고 아가미 둘레와 배는 옅은 보라색으로 바뀐다. 배 밑은 까매지고 등지느러미, 배지느러미, 뒷지느러미에 있는 하얀 띠가 더욱 새하얗게 된다. 암컷도 배지느러미에 있는 하얀 줄이 더 또렷해지면서 잿빛 산란관이 나온다. 말조개 몸속에 알을 낳는데 조개를 찾는 일은 수컷이 맡는다.

다른 이름 행지리
북녘 이름 가시납저리, 가시납주레기
사는 곳 냇물, 강, 저수지
먹이 작은 물벌레, 물풀, 실지렁이
알 낳는 때 4~8월
분포 우리나라

참붕어 *Pseudorasbora parva*

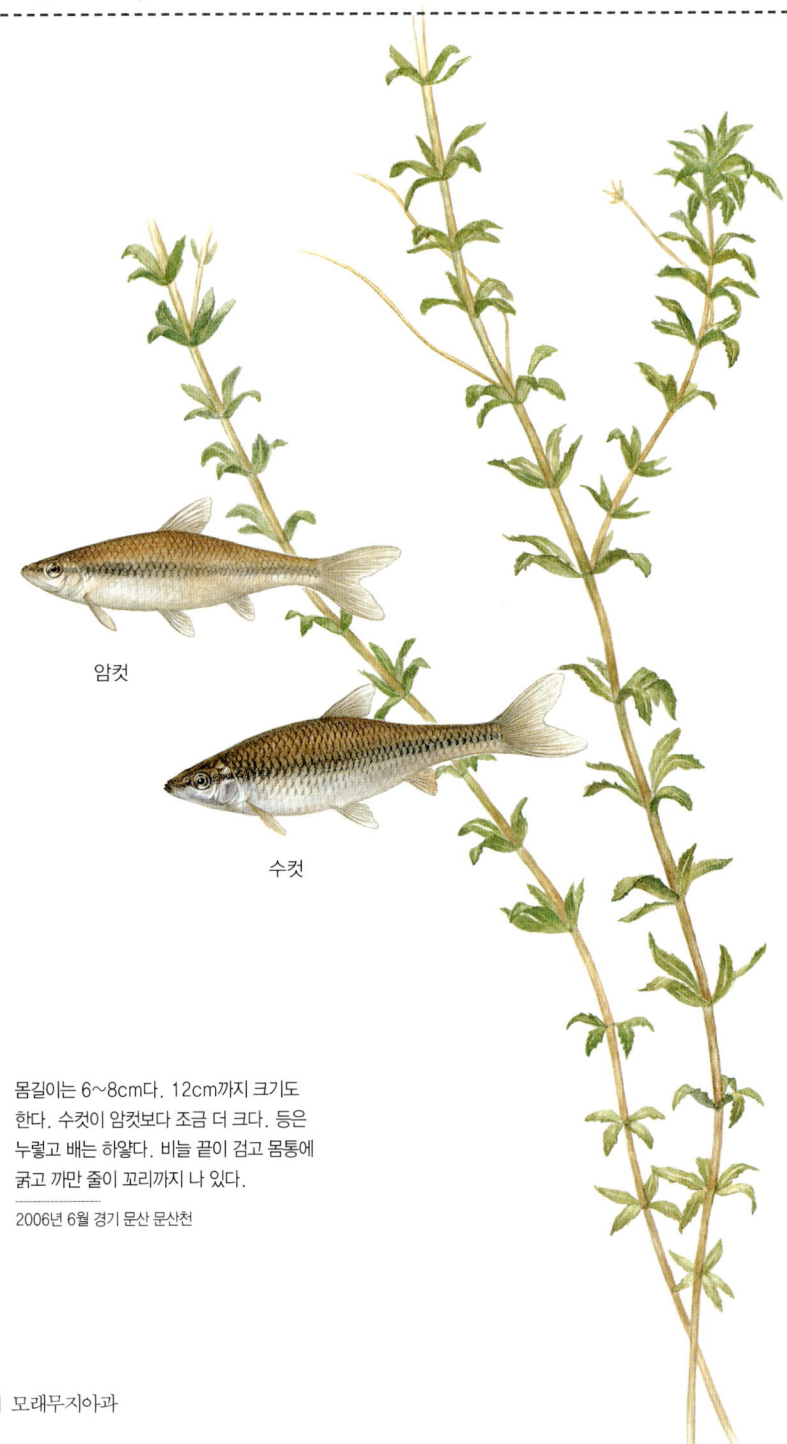

암컷

수컷

몸길이는 6~8cm다. 12cm까지 크기도 한다. 수컷이 암컷보다 조금 더 크다. 등은 누렇고 배는 하얗다. 비늘 끝이 검고 몸통에 굵고 까만 줄이 꼬리까지 나 있다.
2006년 6월 경기 문산 문산천

참붕어는 이름과 달리 붕어와 많이 다르게 생겼다. 붕어는 크고 넓적한데, 참붕어는 작고 길쭉하다. 몸통 가운데에 까만 가로줄 무늬도 있다.

참붕어는 붕어만큼 흔한데 물이 조금 더러워져도 잘 산다. 저수지나 논도랑, 얕은 냇물에서 산다. 물살이 느리거나 물이 고여 있는 곳을 좋아한다. 물풀이 수북하게 난 곳에서 떼를 지어 헤엄쳐 다닌다. 송사리와 함께 다니기도 한다. 물벼룩이나 물벌레를 잡아먹고 물풀도 뜯어 먹는다. 실지렁이도 먹고 다른 물고기가 낳은 알도 먹는다.

참붕어는 4~6월에 알을 낳는다. 수컷은 몸이 검어지고 주둥이에 우툴두툴한 돌기가 생긴다. 암컷은 몸이 노르스름해지고 배가 불룩해진다. 수컷은 큰 돌이나 조개껍데기를 깨끗하게 청소해 알자리를 마련한다. 암컷이 알을 낳으면 수컷은 알자리 둘레를 빙빙 돌면서 새끼가 깨어날 때까지 돌본다. 새끼는 한 해 자라면 알을 낳을 수 있다.

다른 이름 보리붕어, 방아꼬, 깨붕어, 깨피리
북녘 이름 참붕어, 못고기
사는 곳 저수지, 논도랑, 늪, 냇물
먹이 물벼룩, 실지렁이, 물벌레, 물풀, 물고기 알
알 낳는 때 4~6월
분포 우리나라, 중국, 일본, 대만

돌고기 *Pungtungia herzi*

몸길이는 7~15cm다. 몸은 통통하다. 등은 짙은 밤색이고 배는 허옇다. 몸통에 검고 굵은 줄이 주둥이에서 꼬리까지 쭉 나 있다. 입가에는 짧은 수염이 한 쌍 나 있다.

2004년 9월 경기 연천 사미천

돌고기는 맑은 물이 흐르는 산골짜기나 냇물에 산다. 큰 돌이나 자갈이 깔린 곳에서 떼를 지어 헤엄쳐 다닌다. 돌이 많은 곳에 살아서 '돌고기'라고 한다. 사는 곳에 따라서 몸빛이 조금씩 다른데 돌이 많은 곳에 살면 까맣고 모래가 깔린 곳에 살면 누렇다.

돌고기는 주둥이가 돼지 코처럼 뭉툭하고 입술이 두껍다. 바위나 돌에 붙은 돌말을 가볍게 톡톡 쪼아 먹는다. 돌 밑을 뒤져서 나오는 물벌레도 잡아먹고 껍데기가 딱딱한 다슬기도 먹는다. 다슬기를 입에 물고 이리저리 돌에 탁탁 쳐서 깨뜨려 먹는다. 작은 새우나 물고기 알도 먹는다. 놀라면 재빨리 돌 틈으로 쏙 숨는다. 물속에서 '끼쯔 끼쯔' 하고 소리를 내기도 한다.

돌고기는 4~7월에 알을 낳는다. 수컷은 몸이 까매지고 암컷은 배가 불룩해진다. 알은 돌이나 바위틈에 낳는다. 가끔 꺽지 알자리에 떼로 몰려가 알을 낳기도 한다. 꺽지가 사납게 내쫓아도 아랑곳하지 않고 알을 낳고는 도망간다. 그러면 꺽지는 돌고기 알도 제 알인 줄 알고 돌본다.

다른 이름 등미리, 배뚱보, 뚜꾸뱅이, 돌조동이
북녘 이름 돗쟁이, 중돌고기
사는 곳 산골짜기, 냇물, 강
먹이 돌말, 물벌레, 작은 새우, 다슬기, 물고기 알
알 낳는 때 4~7월
분포 우리나라, 중국, 일본

감돌고기

2006년 12월 전북 완주 만경강

　감돌고기는 몸이 검다고 '감돌고기'라고 한다. 돌고기와 아주 많이 닮았는데, 감돌고기는 지느러미에 검은 띠무늬가 있다. 몸이 까매서 몸통에 난 굵은 줄무늬는 잘 안 보인다. 몸길이는 7~10㎝다.

　감돌고기는 물이 맑은 냇물이나 강에 사는데 20~30마리씩 떼를 지어 헤엄쳐 다닌다. 돌고기처럼 돌말도 먹고 물벌레도 잡아먹는다. 알은 4~6월에 돌 틈에 낳는다. 돌고기처럼 꺽지 알자리에 낳기도 한다.

　감돌고기는 전라도 금강과 만경강에서만 산다. 요즘에는 사는 곳과 수가 많이 줄어들어 법으로 보호하고 있다.

다른 이름 거먹돌고기, 꺼먹딩미리, 점똘중어, 먹똘중어
북녘 이름 금강돗쟁이
분포 우리나라
학명 *Pseudopungtungia nigra*

가는돌고기

2005년 10월 경기 연천 사미천

몸이 가늘어서 '가는돌고기'라고 한다. 돌고기보다 몸매가 날씬하다. 몸집이 작고 배가 홀쭉하다. 등지느러미 끄트머리에 까만 무늬가 있다. 몸길이는 8~10㎝다.

가는돌고기는 물이 맑고 자갈이 깔린 냇물에서 산다. 깊은 곳보다 얕은 곳을 좋아하며 자갈 사이를 이리저리 재빠르게 헤엄친다. 돌말을 톡톡 쪼아 먹거나 물벌레를 입으로 쿡쿡 집어삼킨다. 알은 5~7월에 낳는다.

우리나라 임진강과 한강 상류와 중류에서만 아주 드물게 산다. 요즘에는 강물이 더러워지면서 점점 줄어들고 있다. 법으로 보호하고 있어서 함부로 잡으면 안 된다.

분포 우리나라
학명 *Pseudopungtungia tenuicorpa*

쉬리
Coreoleuciscus splendidus

몸길이는 10~13cm다. 큰 것은 15cm까지 자라기도 한다. 등은 검푸르고 배는 은빛이다. 주둥이 끝에서 아가미까지 굵고 검은 줄이 쭉 나 있다.

2004년 7월 경기 연천 동막계곡

쉬리는 몸이 가늘고 날씬하다. 몸통에 귤색, 보라색, 하늘색 띠무늬가 줄지어 나 있다. 지느러미에는 검은 줄무늬가 여러 개 있다. 여울에 살고 몸이 알록달록 고와서 '여울각시'라고도 한다.

쉬리는 맑고 차가운 물이 흐르는 산골짜기와 냇물에서 산다. 바위와 돌이 많고 물살이 센 여울을 좋아한다. 폭포에서 헤엄도 치고 물살을 거슬러 오르기도 한다. 수십 마리가 떼를 지어 이리저리 헤엄칠 때 몸뚱이가 반짝반짝 빛난다. 돌 밑이나 자갈 틈을 뒤지면서 먹이를 찾는다. 옆새우를 잡아먹고 하루살이 애벌레나 작은 물벌레도 잡아먹는다. 위험을 느끼면 돌 틈에 숨는데 틈바구니로 머리를 살짝 내놓고 밖을 살핀다.

쉬리는 4~6월 사이에 알을 낳는다. 수컷은 몸 빛깔이 더 고와지며 뒷지느러미에 우툴두툴한 돌기가 잔뜩 생긴다. 암컷은 알자리를 이리저리 찾아다니고 수컷들은 암컷을 졸졸 쫓아다닌다. 여울에 있는 자갈이나 돌 밑에 알을 낳는다. 새끼는 두 해 자라면 알을 낳을 수 있다.

다른 이름 색시피리, 가새피리, 여울치, 쇠리
북녘 이름 쒜리, 살코기
사는 곳 산골짜기, 냇물
먹이 옆새우, 물벌레, 돌말
알 낳는 때 4~6월
분포 우리나라

중고기 *Sarcocheilichthys nigripinnis morii*

수컷

암컷

몸길이는 10~16cm다. 몸이 푸르스름한 밤색인데 등은 짙고 배는 하얗다. 몸통에 듬성듬성 검은 점무늬가 나 있다. 주둥이는 뭉툭하고 입가에는 짧은 수염이 있다.

2006년 5월 경기 파주어촌계

중고기는 물살이 느린 냇물이나 강에서 산다. 물이 맑고 너른 저수지에서도 산다. 진흙이 섞인 모래와 자갈이 깔려 있는 곳을 좋아한다. 물풀이 수북한 곳에서 새우나 실지렁이를 잡아먹는다. 아주 겁쟁이여서 작은 소리에도 놀라 물풀 속으로 쏙 숨는다.

중고기는 4~6월에 알을 낳는다. 수컷은 몸통에 푸릇푸릇한 띠가 생기고 배가 샛노래진다. 아가미와 지느러미는 빨개지고 주둥이에 깨알만 한 돌기가 잔뜩 돋아난다. 암컷은 납자루처럼 배에서 산란관이 나온다. 납자루 산란관보다 훨씬 짧다.

중고기는 재첩이라는 작은 민물조개에 알을 낳는다. 암컷과 수컷이 함께 강바닥에 사는 재첩을 찾아다닌다. 조개 하나에 알을 두세 개쯤 낳고 다른 조개로 옮겨 간다. 새끼는 2~3년쯤 자라면 알을 낳을 수 있다.

강원도에서는 몸이 밤색이라고 중고기를 '밤고기'라고도 한다. 임진강 어부들은 혼인색을 띤 수컷이 무당 옷을 입은 것처럼 알록달록하다고 '무당고기'라고도 한다.

중고기가 알을 낳는 재첩

다른 이름 무당고기, 밤고기, 돌피리, 개피리
북녘 이름 써거비, 기름치
사는 곳 강, 냇물, 저수지, 댐
먹이 실지렁이, 물벌레, 작은 새우, 물풀
알 낳는 때 4~6월
분포 우리나라

몰개 *Squalidus japonicus coreanus*

몸길이가 8~14cm다. 몸이 길고 날씬하다. 몸이 밤색인데 등은 진하다. 배는 색깔이 옅고 은빛이 돈다. 몸 군데군데 작은 점이 있다. 눈이 크고 입가에는 짧은 수염이 한 쌍 있다.

2005년 8월 경기 문산 문산천

몰개는 냇물에서 산다. 강이나 저수지, 논도랑에서도 산다. 바닥에 모래가 깔려 있고 물풀이 수북한 곳을 좋아한다. 물풀 사이에서 물벼룩이나 작은 물벌레를 잡아먹는다. 물풀을 먹기도 하고 돌말도 먹는다.

몰개는 몸이 길고 날씬하게 생겼다. 몸통에 거무스름한 푸른 줄이 하나 쭉 나 있다. 해캄 같은 물풀이 하늘거리는 곳에서 떼를 지어 재빠르게 헤엄치며 다닌다. 무엇에 놀라면 여기저기로 뿔뿔이 흩어져 물풀 속으로 숨는다. 잠잠해지면 하나둘씩 다시 모여든다. 알은 6~8월 사이에 낳는데 물풀에 붙여 둔다. 날씨가 추워지면 돌 밑이나 물풀 더미에 숨어서 겨우내 가만히 지낸다. 봄이 와서 날이 풀리면 돌 밑에서 나와 돌아다닌다.

우리나라에는 몰개 무리가 다섯 종 있다. 줄몰개, 긴몰개, 몰개, 참몰개, 점몰개다. 그 가운데 줄몰개는 물이 더러워지면 못 산다. 줄몰개는 중국과 러시아에도 있지만 다른 몰개들은 우리나라에만 산다.

다른 이름 쇠피리, 밀피리, 쌀고기, 보리피리
북녘 이름 버들붕어
사는 곳 냇물, 강, 저수지, 논도랑
먹이 물벌레, 물풀, 돌말, 물벼룩
알 낳는 때 6~8월
분포 우리나라

줄몰개

2005년 10월 경기 연천 사미천

    줄몰개는 몸통에 검고 굵은 줄이 하나 쭉 나 있다. 그래서 '줄몰개'라고 한다. 등하고 배에 검은 점이 많다. 등은 누르스름한 녹색이고 배는 조금 누렇다. 입가에 아주 짧은 수염이 한 쌍 나 있다. 몸통에 줄무늬가 8~9개 있다. 몸길이가 5~10㎝다.

    줄몰개는 물이 맑은 냇물에서 산다. 강이나 저수지, 댐에서도 산다. 물이 깊고 물살이 느린 곳을 좋아한다. 작은 물벌레를 잡아먹고 물풀도 먹는다. 알은 6~8월 사이에 낳는데 물풀에 붙인다. 한 해 자라면 5~6㎝쯤 된다.

다른 이름 줄피리, 갈등피리, 둠벙피리, 왕동이
북녘 이름 줄버들붕어
분포 우리나라, 중국, 러시아
학명 *Gnathopogon strigatus*

긴몰개

2005년 11월 경기 여주 흑천

몸이 가늘고 길쭉해서 '긴몰개'라고 한다. 몰개 무리 가운데 가장 날씬하다. 몸집이 작아서 다 커도 몸길이가 7~10cm밖에 안 된다. 몸통은 은빛이 돌고 등은 검은 밤색이다. 온몸에 아주 작은 점이 많다. 몸통에 흐릿한 검은 줄이 하나 있다. 입가에 짧은 수염이 한 쌍 있다.

긴몰개는 냇물이나 저수지에서 사는데 강이나 댐에서도 산다. 물이 고여 있고 물풀이 우거진 곳을 좋아한다. 깊은 곳에는 잘 안 가고 냇물 가장자리에서 떼를 지어 헤엄친다. 작은 물벌레나 물풀을 먹는다. 알은 5~7월 사이에 낳는데 물풀에 붙인다.

다른 이름 쇠피리, 밀피리, 쌀고기, 보리피리
북녘 이름 가는버들붕어
분포 우리나라
학명 *Squalidus gracilis majimae*

누치 *Hemibarbus labeo*

몸길이는 20~60cm다. 몸이 은색인데 등은 조금 누렇다. 큰 비늘이 고르게 붙어 있다. 머리가 크고 주둥이가 툭 튀어나왔다. 입이 크고 입가에 수염이 한 쌍 있다.

2005년 11월 경기 양평

누치는 눈이 크다고 '눈치'라고도 한다. 몸은 길고 통통하다. 강에 많이 살고 큰 댐이나 물이 깊은 냇물에도 있다. 모래와 자갈이 깔려 있는 강바닥에서 헤엄쳐 다닌다. 물살이 센 여울을 좋아한다.

누치는 몸이 크고 길쭉하다. 큰 놈은 어른 팔뚝만 하다. 강바닥에서 주둥이로 돌을 들춰 먹이를 찾는다. 물벌레, 새우, 작은 게, 다슬기를 먹는데 모래 속에 있는 작은 물풀도 먹는다. 두툼한 입술로 돌에 붙은 돌말도 긁아 먹는다.

누치는 봄에 알을 낳는다. 무릎쯤 오는 얕은 냇물에 올라와서 짝짓기를 한다. 암컷과 수컷이 한데 뒤엉켜 모래와 자갈을 마구 들쑤시면서 한바탕 소란을 피운다. 사람들은 냇물 가득 올라와 짝짓기를 하는 누치 떼를 보고 '누치가리'라고 한다.

누치 알은 모랫바닥이나 자갈에 포도송이 모양으로 붙어 있다. 알을 낳자마자 모래무지나 돌고기 같은 물고기들이 몰려들어 주워 먹기도 한다. 새끼는 냇물에서 살다가 자라면서 큰 강으로 내려간다. 누치는 낚시꾼들이 강에서 낚시로 많이 잡는다.

새끼 누치

다른 이름 눈치, 느치, 몰거지, 모랭이, 마재기
북녘 이름 누치, 구멍이
사는 곳 강, 냇물, 댐
먹이 물벌레, 실지렁이, 새우, 게, 다슬기, 돌말
알 낳는 때 4~6월
분포 우리나라, 중국, 일본, 러시아, 베트남

참마자 *Hemibarbus longirostris*

몸길이는 15~22cm다. 몸이 길고 날씬하다. 배는 조금 납작하다. 머리도 크고 눈도 크다. 입가에 짧은 수염이 한 쌍 있다.
2004년 11월 경기 양평 문호천

참마자는 그냥 '마자'라고도 한다. 주둥이가 뾰죽하다. 꼭 삐쳐서 입을 쭉 내밀고 있는 것 같다. 등은 거무스름한 밤색이고 배는 하얗다. 몸통에는 자잘한 검은 점이 아주 많은데 콩알만 한 검은 반점도 군데군데 나 있다.

참마자는 냇물이나 강에서 산다. 물살이 느리고 바닥에 모래가 있는 곳에서 산다. 바닥에서 헤엄쳐 다니며 물벌레나 새우 따위를 잡아먹는다. 돌에 붙어 있는 돌말을 갉아 먹기도 한다. 알은 4~6월 사이에 낳는다. 짝짓기 때가 되면 수컷은 가슴지느러미가 귤색으로 바뀌고 암컷은 누런색을 띤다. 모래와 자갈 바닥에 알을 낳는다. 새끼는 3년쯤 자라면 알을 낳을 수 있다.

참마자는 모래 속으로 잘 숨는다. 헤엄을 치다가 머리를 모래에 처박고 꼬리지느러미를 파드닥거리면서 파고든다. 그러면 모래가 참마자 몸뚱이만큼 불룩 솟는다. 조심스레 다가가서 두 손으로 모래와 함께 꾹 움켜쥐면 맨손으로도 잡을 수 있다.

다른 이름 마자, 모자, 두루치, 참부지, 뜸마주
북녘 이름 마자
사는 곳 냇물, 강
먹이 깔따구 애벌레, 새우, 돌말, 물벌레
알 낳는 때 4~6월
분포 우리나라, 중국, 일본

어름치 *Hemibarbus mylodon*

몸길이는 20~40cm다. 몸이 통통한데 꼬리로 갈수록 가늘다. 눈이 크고 입가에 수염이 한 쌍 있다. 지느러미에도 까만 줄무늬가 여러 개 나 있다.

2007년 2월 충남 순천향대학교

어름치는 온몸이 노랗고 까만 점이 아주 많다. 헤엄칠 때 온몸에 난 까만 점이 어른거린다고 '어름치'라는 이름이 붙었다. 다른 물고기들은 숨어 버리는 한겨울에도 꽁꽁 언 얼음 밑을 헤엄쳐 다닌다고 '얼음치'라고도 한다.

어름치는 산골짜기나 냇물에서 산다. 드물게 맑은 물이 흐르는 강에 살기도 한다. 자갈이 깔려 있는 바닥에서 물벌레, 새우, 물고기 새끼를 잡아먹는다. 돌에 붙어서 사는 다슬기를 아주 좋아한다. 다슬기를 입에 물고 돌에 탁탁 쳐서 깨뜨려 먹는다.

어름치는 4~6월에 알을 낳는다. 밤에 깊은 물속 자갈밭을 움푹 판다. 암컷과 수컷이 떼로 모여 알을 낳고는 잔자갈로 덮는다. 입으로 돌을 하나하나 물어다가 알자리에 봉긋하게 쌓는다. 알자리에 자갈을 쌓아 두면 다른 물고기가 알을 못 주워 먹는다. 또 알이 물에 떠내려가는 것을 막을 수 있다.

어름치는 아주 귀하다. 임진강, 한강, 금강 상류에만 산다. 요즘에는 물이 더러워져서 사는 곳도 점점 줄어들고 있다. 나라에서는 어름치를 '천연기념물'로 정해서 보호하고 있다.

어름치 알자리

다른 이름 그림치, 얼음치
북녘 이름 어름치, 어룽치
사는 곳 산골짜기, 냇물
먹이 다슬기, 물벌레, 새우, 작은 물고기, 돌말
알 낳는 때 4~6월
분포 우리나라

모래무지 *Pseudogobio esocinus*

몸길이는 10~20cm다. 몸은 통통하고 길쭉한데 꼬리로 갈수록 가늘다. 등은 볼록 솟아 있고 배는 납작하다. 입가에 수염이 한 쌍 있다. 몸통에 검은 반점이 나란히 나 있다.

2005년 8월 경기 문산 문산천

모래 속에 잘 숨는다고 '모래무지'라는 이름이 붙었다. 놀라면 재빨리 모래 속으로 쏙 들어가 동그란 눈만 빠끔히 내놓고 밖을 살핀다. 몸빛도 모래 색깔이랑 비슷하다. 모래 위에 배를 깔고 가만히 있으면 알아보기 어렵다.

모래무지는 맑은 냇물이나 강에서 산다. 물살이 느리고 바닥에 모래가 깔려 있는 곳에서 산다. 모래 속에 사는 작은 물벌레나 아주 작은 물풀을 먹는다. 모래를 입으로 집어 먹이만 걸러 먹고 남은 모래는 아가미로 내뿜는다. 모래를 집어 먹을 때 입이 앞으로 쭉 늘어난다. 모래무지가 모래를 삼켰다 뱉었다 하는 동안 모래밭은 저절로 깨끗해진다. 알은 5~6월 사이에 낳는데 모랫바닥에 낳고 덮는다.

냇물에서 물장구를 치다 보면 모래무지가 놀라서 발 밑으로 파고들기도 한다. 그러면 발바닥이 간질간질하다. 발 밑을 더듬어서 맨손으로 잡기도 한다. 예전에는 아주 흔했는데 요즘에는 사람들이 냇물에서 모래를 많이 퍼 가서 보기 드물어졌다.

다른 이름 모래두지, 모래물이, 모새무치, 모재미
북녘 이름 모래무치
사는 곳 냇물, 강
먹이 물벌레, 작은 물풀
알 낳는 때 5~6월
분포 우리나라, 중국, 일본

버들매치 *Abbottina rivularis*

몸길이는 8~12cm다. 몸이 밤색인데 등은 진하고 배는 하얗다. 몸통에는 콩알만 한 검은 반점이 한 줄로 늘어서 있다. 눈에서 주둥이까지 굵고 까만 줄이 하나 있다. 입가에 짧고 굵은 수염이 한 쌍 있다.

2004년 4월 경기 김포 양촌면 논도랑

버들매치는 모래무지와 닮았다. 얼핏 보면 모래무지 새끼 같다. 몸집이 모래무지보다 훨씬 작고 주둥이도 뭉툭하다. 논도랑이나 저수지에 흔하다. 냇물에서는 물살이 느린 곳에서 산다. 물풀이 수북하고 진흙이 깔려 있는 곳을 좋아한다. 실지렁이나 물벌레를 먹고 물풀이나 물풀 씨앗도 잘 먹는다. 진흙을 파고 들어가 잘 숨고 눈만 내놓는다.

버들매치는 4~6월에 알을 낳는다. 수컷은 등이 파래지고 배지느러미가 귤색으로 바뀐다. 주둥이와 가슴지느러미에 아주 작은 돌기가 돋아난다. 물이 무릎쯤 오는 곳에서 수컷이 알자리를 만든다. 진흙 바닥을 움푹하게 파 놓고 둘레를 지킨다. 다른 물고기가 다가오면 달려들어 사납게 쫓아낸다. 암컷이 다가오면 빙글빙글 돌면서 암컷을 불러들인다. 암컷이 알을 낳고 떠나면 수컷은 남아서 알을 돌본다. 알에 진흙 찌꺼기가 들러붙으면 입으로 쪽 빨아서 깨끗하게 해 준다. 수컷은 새끼가 깨어나도 안 떠나고 어느 정도 자랄 때까지 곁에서 돌봐 준다. 새끼는 한 해가 지나면 알을 낳는다.

다른 이름 꼬래, 몰치
북녘 이름 모래마자, 알락마재기, 각시뽀돌치
사는 곳 저수지, 논도랑, 냇물
먹이 실지렁이, 물벼룩, 물벌레, 물풀 씨
알 낳는 때 4~6월
분포 우리나라, 중국, 일본

왜매치
Abbottina springeri

몸길이는 6~8cm다. 몸집이 작고 가늘다. 머리는 작고 조금 납작하다. 주둥이가 짧고 뭉툭하다. 입가에 짧은 입수염이 한 쌍 있다.

2006년 12월 충남 서천 길산천

몸집이 작아서 '왜매치'라는 이름이 붙었다. 버들매치와 닮았는데 몸집이 훨씬 작다. 몸이 연한 밤색인데 등은 조금 짙고 배는 하얗다. 온몸에 까만 점이 많다. 몸통과 등에 까무잡잡한 반점이 여러 개 줄지어 나 있다.

왜매치는 냇물이나 강에서 사는데 저수지나 논도랑에도 산다. 물살이 잔잔하고 모래나 자갈이 깔려 있는 여울에서 떼를 지어 헤엄쳐 다닌다. 작은 물벌레나 물풀을 먹는다. 알은 4~7월에 낳는다. 짝지을 때가 되면 수컷은 몸이 새까매진다. 주둥이에 하얗고 오톨도톨한 돌기가 생기고 가슴지느러미에도 자잘한 돌기가 잔뜩 돋아난다. 냇물 가장자리로 나와서 돌에 알을 낳는다. 이때 물가에서 흔히 볼 수 있다.

왜매치는 우리나라에만 산다. 요즘에는 물이 더러워져서, 왜매치가 점점 줄어들고 있어서 보기 어렵다.

사는 곳 냇물, 강, 저수지, 논도랑
먹이 작은 물벌레, 물풀
알 낳는 때 4~7월
분포 우리나라

꾸구리 *Gobiobotia macrocephala*

몸길이는 7~13cm다. 수컷이 암컷보다
조금 더 크다. 몸이 불그스름한데 배는 옅다.
몸통에 굵고 검은 줄이 네 개 있다.
입수염이 네 쌍 있다. 입가에 한 쌍 있고
세 쌍은 턱 밑에 있다.

2006년 4월 경기도 연천 사미천

꾸구리는 눈을 옆으로 떴다 감았다 한다. 우리나라 민물고기 가운데 눈꺼풀이 있는 물고기는 꾸구리뿐이다. 어두우면 눈을 뜨고 밝으면 감는다. 눈을 꼭 감고 있다고 전라도에서는 '눈봉사'라고도 한다. 눈 밑에 검은 반점이 있다. 지느러미에는 깨알만 한 검은 점이 줄줄이 나 있다.

맑은 물이 흐르는 냇물이나 강에서 산다. 물이 발목쯤 오고 돌과 자갈이 깔려 있는 여울에서만 산다. 물살이 세도 떠내려가지 않고 돌에 착 붙어 있다. 턱 밑에 있는 수염으로 돌을 짚고 물살을 헤쳐 나간다. 이리저리 돌 위를 날래게 옮겨 다니기도 한다. 돌 틈이나 돌에 붙어서 사는 작은 물벌레를 잡아먹고 돌말도 먹는다.

꾸구리는 4~6월에 알을 낳는다. 수컷은 몸통에 난 까만 줄이 짙어진다. 암컷은 몸빛이 연해지고 배가 불룩해진다. 암컷과 수컷이 돌과 자갈 틈을 헤집고 들어가서 알을 낳는다.

꾸구리는 아주 드물다. 우리나라 한강, 금강, 임진강 상류에서만 조금 살고 있다. 나라에서 법으로 보호하고 있다.

다른 이름 눈봉사, 눈멀이, 말뚝자구, 기름돌부지
북녘 이름 긴수염돌상어, 돌메자, 구구리
사는 곳 냇물, 강
먹이 작은 물벌레, 돌말, 날도래 애벌레
알 낳는 때 4~6월
분포 우리나라

돌상어 *Gobiobotia brevibarba*

몸길이는 7~13cm다. 몸이 길고 배는 납작하다. 머리도 납작하다. 눈 밑에 거무스름한 점이 하나 있다. 수염이 네 쌍 있는데 입가에 한 쌍, 턱 밑에 세 쌍 줄지어 나 있다.

2006년 11월 경기 연천어촌계

돌상어는 꾸구리와 닮았는데 등에 있는 무늬가 다르다. 꾸구리는 줄이 뚜렷하게 나 있지만 돌상어는 흐릿한 반점이 얼룩덜룩 나 있다. 꾸구리처럼 수염이 네 쌍 있는데 아주 짧다. 몸이 불그스름하고 눈과 눈두덩이 까맣다. 고양이 눈처럼 생겼다고 충북 영동에서는 '여울괭이'라고 한다. 주둥이에서 눈까지 검은 줄이 하나 있다.

돌상어는 산골짜기나 냇물에서 산다. 물이 아주 맑은 여울에서만 산다. 몸이 납작해서 물살이 센 여울에서도 바닥에 딱 달라붙어 있기 좋다. 자갈 틈으로 잘 숨고 돌 위를 재빠르게 옮겨 다닌다. 물벌레도 잡아먹고 돌말도 먹는다. 알은 4~6월에 낳는다. 이때가 되면 수컷은 몸빛이 짙어진다. 암컷과 수컷이 어울려 바닥에 있는 돌 틈에 알을 낳는다.

돌상어는 우리나라 한강과 임진강, 금강 상류에만 산다. 이 강으로 흘러드는 냇물에도 있다. 요즘에는 점점 사라지고 있어서 나라에서 법으로 정해서 보호하고 있다.

다른 이름 돌나래미, 눈깔망냉이, 여울돌나리
사는 곳 산골짜기, 냇물
먹이 물벌레, 돌말
알 낳는 때 4~6월
분포 우리나라

흰수마자 *Gobiobotia nakdongensis*

몸길이는 6~10cm다. 몸은 누런데 등이
밤빛이 돌고 배는 하얗다. 몸집이 작지만
통통하고 길다. 몸에 검은 반점이 나란히 박혀
있다. 몸통에 5~6개, 등에 7~9개 있다.

2006년 10월 충남 청양 지천

흰수마자는 '흰 수염이 달린 마자'라는 뜻으로 붙인 이름이다. 입수염이 네 쌍 있는데 모두 길고 새하얗다. 수염이 입 가장자리에 한 쌍, 턱 밑에 세 쌍 나 있다. 눈은 세로로 조금 길쭉한데 툭 튀어나왔다. 눈동자를 옆으로 이리저리 잘 굴린다. 몸집은 아주 작다.

흰수마자는 맑은 물이 흐르는 냇물이나 강에서 사는데 고운 모래가 깔려 있는 여울에서만 산다. 모래 속에서 사는 작은 물벌레를 잡아먹거나 돌말 따위를 아가미로 걸러 먹는다. 알은 6월쯤에 낳는다.

흰수마자는 아주 드물다. 우리나라 낙동강, 금강, 임진강 상류에 산다. 다른 곳보다 낙동강에서 좀 더 많이 볼 수 있다. 금강에서는 미호종개가 사는 곳에 같이 살기도 한다. 사람들이 냇물에서 집 지을 모래를 퍼 가면서 사는 곳이 점점 줄어들고 있다. 나라에서는 흰수마자가 사라지지 않게 법으로 보호하고 있다. 함부로 잡으면 안 되고 잡으면 꼭 놓아주어야 한다.

다른 이름 돌노구리, 돌모래무지, 돌모래미, 댕이
북녘 이름 낙동돌상어
사는 곳 냇물, 강
먹이 작은 물벌레, 돌말
알 낳는 때 6월
분포 우리나라

돌마자 *Microphysogobio yaluensis*

몸길이는 5~10cm다. 몸이 가늘고 긴데 배가 납작하고 평평하다. 몸통은 푸르스름한 밤색인데 배는 하얗다. 주둥이는 짧고 끝이 뭉툭하다. 입가에 짧은 수염이 한 쌍 있다.

2004년 7월 경기 연천 동막계곡

돌마자는 돌 위에 잘 붙어 있다고 '돌마자'라고 한다. 돌 위에 배를 붙이고 꼼짝 않고 있을 때가 많다. 냇물이나 강에 사는데 맑은 물이 흐르는 곳에서만 산다. 여울에는 안 살고 물살이 느리고 돌이나 모래가 깔린 곳에서 산다.

　돌마자는 모래무지와 닮았는데 훨씬 작다. 등에는 콩알만 한 검은 반점이 여덟 개쯤 줄줄이 나 있다. 몸에 자잘한 검은 점이 많다. 몸 색깔이 모래와 비슷해서 모래 위에 가만히 있으면 잘 안 보인다. 입술에 올록볼록한 돌기가 있어서 돌에 붙은 돌말을 갉아 먹는다. 바닥에 닿을 듯이 헤엄치면서 물벌레를 주워 먹기도 한다. 돌 위에 가만히 있다가도 놀라면 눈 깜짝할 사이에 다른 돌 위로 달아난다. 모래 속으로 파고 들어가 숨기도 한다.

　알은 봄에서 여름 사이에 낳는다. 5~7월에 낳는데, 이때가 되면 수컷은 가슴지느러미와 몸통이 까매진다. 주둥이 위아래와 가슴지느러미에 작은 돌기가 돋아난다. 한낮에 암수가 열 마리쯤 떼를 지어 다니면서 물풀에 알을 낳는다.

　돌마자는 토박이 이름이 많다. 강원도에서는 잡아 놓으면 금방 죽고 썩는다고 '썩어뱅이'라고 한다. 배가 통통하다고 전라도에서는 '배보'나 '배불탱이'라고 한다. 배가 까맣다고 충청도에서는 '똥마주'라고 한다.

다른 이름 돌매자, 돌모래무지, 똥마주, 썩어뱅이
북녘 이름 압록강돌부치, 돌모래치
사는 곳 냇물, 강
먹이 돌말, 물벌레
알 낳는 때 5~7월
분포 우리나라

배가사리 *Microphysogobio longidorsalis*

몸길이는 8~15cm다. 등은 진한 밤색이고 배는 하얗다. 주둥이는 튀어나왔는데 끝이 둥그스름하다. 입가에 아주 짧은 수염이 한 쌍 있다. 몸통에 진한 갈색 점이 나란히 나 있다.

2007년 2월 경기 양평 흑천

배가사리는 산골짜기나 냇물에서 산다. 맑고 깨끗한 물이 흐르고 바닥에 자갈이 깔려 있는 여울에서 산다. 작은 물벌레를 잡아먹거나 돌에 붙어 있는 돌말을 먹고 산다. 돌마자와 닮았는데 몸집이 훨씬 크고 몸통이 두툼하다. 등지느러미가 크고 아주 넓다. 지느러미에는 작고 검은 점이 많아서 꼭 줄무늬처럼 보인다.

배가사리는 5~7월에 알을 낳는다. 수컷은 몸이 거무스름해지고 지느러미 가장자리는 빨개진다. 주둥이에는 오톨도톨한 돌기가 아주 많이 돋아난다. 가슴지느러미에도 돌기가 난다. 알은 모래나 자갈 바닥에 낳는다. 수십 마리가 떼로 모여들어서 알을 낳는다. 겨울에도 떼로 모여 지낸다.

배가사리는 우리나라에만 산다. 한강, 임진강, 금강 상류에 있다. 금강에는 아주 드물다. 북녘에 있는 대동강에도 산다. 북녘에서는 돌에 잘 붙어 있다고 '큰돌붙이'라고 한다.

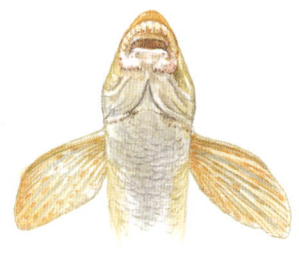

배가사리 입

다른 이름 돌박이, 돌배, 돌나리, 돌마개, 돌치
북녘 이름 큰돌붙이
사는 곳 냇물
먹이 작은 물벌레, 돌말
알 낳는 때 5~7월
분포 우리나라

두우쟁이 *Saurogobio dabryi*

몸길이는 20~25cm다. 몸이 가늘고 길다.
등은 푸르스름한 밤색이고 배는 하얗다.
몸통에 콩알만 한 거무스름한 반점이
10~15개 줄지어 나 있다. 입가에 수염이
한 쌍 있다.

2005년 4월 경기 연천 임진강

두우쟁이는 모래무지와 닮았는데 몸이 훨씬 날씬하다. 꼬리자루가 아주 가늘고 길다. 주둥이는 짧고 끝이 뭉툭하다. 아가미덮개에 세모꼴로 생긴 푸르스름한 검은 점이 있다.

두우쟁이는 큰 강에서 산다. 모래가 깔려 있는 강바닥에서 헤엄친다. 돌에 붙은 돌말이나 물벌레, 작은 게나 새우를 잡아먹는다. 추운 겨울에는 강어귀에서 지낸다. 임진강에 사는 두우쟁이는 강화도까지 가서 겨울을 난다. 이듬해 4월 곡우쯤 비가 많이 오면 알을 낳으러 떼를 지어 강을 거슬러 올라온다. 냇물까지 올라오기도 한다. 알은 물풀에 붙인다.

두우쟁이는 한강, 금강, 임진강에서 볼 수 있었는데 한강과 금강에서는 보기 어려워졌고 임진강에는 아직 흔하다. 임진강에 사는 어부들은 두우쟁이를 '미수개미'라고 한다. 옛날 사람들은 살구꽃 필 때 흔히 볼 수 있다고 '살구꽃고기'라고도 했다. 성질이 급해서 잡아 놓으면 얼마 안 가서 죽는다.

다른 이름 미수개미, 여울매자, 사침어, 공지
북녘 이름 생새미, 두루치
사는 곳 강
먹이 새우, 작은 게, 돌말, 물벌레
알 낳는 때 4월쯤
분포 우리나라, 중국, 러시아, 베트남

연준모치 *Phoxinus phoxinus*

몸길이는 6~8cm다. 등이 푸르스름한 밤색이고 배는 하얗다. 눈두덩과 아가미가 샛노랗다. 옆줄 위에 샛노란 줄이 하나 쭉 나 있다. 비늘이 아주 잘다.

2007년 1월 강원 평창 창리천

연준모치는 아주 깊은 산골짜기에서 산다. 물살이 센 여울 아래 소에서 떼로 헤엄쳐 다닌다. 쉴 새 없이 이리저리 재빠르게 왔다 갔다 한다. 옆새우나 작은 물벌레나 돌말을 먹는다. 금강모치가 사는 곳에 함께 살기도 한다.

연준모치는 몸집이 작고 배가 통통하다. 입도 작고 눈도 작다. 몸통에는 거무스름한 반점이 나란히 박혀 있다. 4~5월에 알을 낳는다. 수컷은 배, 가슴, 뒷지느러미가 빨개지고 입술도 빨개진다. 아가미 끝은 새파래진다. 수컷과 암컷 주둥이에 좁쌀만 한 돌기가 돋아난다. 암컷 한 마리를 수컷 여러 마리가 쫓아다닌다. 떼를 지어 헤엄치다가 자갈을 파고 들어가서 알을 낳는다. 여름에는 무리를 지어 살고 날이 추워지면 바위 밑이나 돌 틈으로 들어가서 겨울을 난다.

연준모치는 아주 맑고 차가운 물에만 살아서 흔히 보기 어렵다. 우리나라 강원도 산골짜기 몇몇 곳에만 살고 남부 지방에서는 안 산다. 추운 곳에서만 사는 물고기인데 북녘에도 살고 러시아, 유럽에도 산다.

다른 이름 가물떼기, 챙피리
북녘 이름 모치, 연지모치, 오리고기, 수수고기
사는 곳 산골짜기, 냇물
먹이 옆새우, 작은 물벌레, 돌말
알 낳는 때 4~5월
분포 우리나라, 중국, 러시아, 유럽

버들치 *Rhynchocypris oxycephalus*

몸길이가 10~15cm다. 몸이 가늘고 길다.
온몸에 자잘하고 검은 점이 많이 있다.
등은 진한 밤색이고 배는 하얗다. 주둥이부터
꼬리지느러미까지 검은 띠가 하나 쭉 나 있다.
비늘이 아주 잘다.

2004년 11월 경기 양평 문호천

버들잎처럼 생겼다고 '버들치'라고 한다. 사람 발길이 뜸한 산골짜기에서 스님들하고 같이 산다고 '중태기'라고도 한다. 산골짜기 어디서나 흔하게 볼 수 있다. 맑은 물이 흐르는 냇물에서도 산다.

버들치는 수십 마리가 떼를 지어서 줄줄이 헤엄치며 다닌다. 무엇에 놀라면 후다닥 흩어져 가랑잎이나 돌 밑에 숨는다. 밖이 잠잠해졌다 싶으면 하나둘 다시 모여든다. 돌 틈이나 가랑잎을 주둥이로 뒤적거리면서 먹이를 찾는다. 하루살이 애벌레, 깔따구 애벌레, 옆새우를 잡아먹고 물에 떨어진 날벌레를 잡아먹기도 한다. 돌에 붙어서 사는 돌말도 먹는다.

버들치는 4~7월 사이에 알을 낳는다. 이때 수컷 머리에 아주 작은 돌기가 생긴다. 모래와 자갈이 깔려 있는 웅덩이에서 떼로 모여 알을 낳는다. 알은 바닥에 고루 퍼져 돌이나 가랑잎에 잘 붙는다.

버들치는 맑고 차가운 물을 좋아해서 추운 겨울에도 아랑곳하지 않고 헤엄쳐 다닌다.

다른 이름 중태기, 돌피리, 버드쟁이, 버드랑치, 똥피리
북녘 이름 중국모치, 중타래
사는 곳 산골짜기, 냇물
먹이 물벌레, 옆새우, 돌말, 날벌레
알 낳는 때 4~7월
분포 우리나라, 중국, 일본

금강모치 *Rhynchocypris kumgangensis*

몸길이가 7~8cm다. 몸은 길고 납작하다. 몸이 노르스름한데 반짝거린다. 배는 하얗다. 몸통에 굵고 아주 진한 귤색 줄이 하나 쭉 나 있다. 등지느러미에 까만 줄무늬가 또렷하고 눈이 크다.

2004년 6월 강원 양양 송천 산골짜기

금강산에서 처음 찾았다고 '금강모치'라고 한다. 깊은 산골짜기 맑고 차가운 물에서만 산다. 물이 콸콸 쏟아지는 폭포 아래 웅덩이에서 열 마리쯤 몰려다닌다. 물속을 가만히 들여다보면 금강모치 떼가 반짝거리는 게 보인다.

금강모치는 작은 물벌레나 새우 따위를 잡아먹는다. 돌 틈이나 큰 바위 밑에 잘 숨는다. 알은 4~5월에 낳는데, 짝짓기할 때가 되면 수컷은 배에 굵은 귤색 줄이 하나 더 생긴다. 수컷들은 떼 지어 암컷을 쫓아다닌다. 암컷과 수컷이 어울려 자갈 밑을 들쑤시면서 파고 들어가 알을 낳는다. 알끼리 서로 뭉치기도 하고 자갈에 들러붙기도 한다.

금강모치는 드물고 귀하다. 금강산과 강원도 깊은 산골짜기, 남쪽에 있는 금강 상류 무주 구천동 산골짜기에서만 산다. 금강모치는 물이 조금만 더러워져도 못 산다. 북녘에서는 금강산에 사는 금강모치를 천연기념물로 정해서 보호하고 있다.

다른 이름 산버들치, 용버들쟁이, 산피리
북녘 이름 금강모치, 금강뽀돌개, 수땅버들치
사는 곳 깊은 산골짜기
먹이 물벌레, 작은 새우, 돌말
알 낳는 때 4~5월
분포 우리나라

왜몰개 *Aphyocypris chinensis*

몸길이는 4~6cm다. 몸이 세로로 납작하다.
입이랑 눈이 크다. 등은 연한 밤색이고 배는
하얗다. 몸통에 굵은 밤색 띠가 아가미부터
꼬리까지 쭉 이어져 있다.

2007년 3월 전북 군산 미성동 논도랑

왜몰개는 '작은 몰개'라는 뜻이다. 이름과는 달리 몰개와 많이 안 닮았다. 몰개는 몸통이 통통한데 왜몰개는 납작하다. 몸집이 작아서 언뜻 보면 송사리 같다. 북녘에서는 눈이 크다고 '눈달치'라고 한다.

왜몰개는 냇물이나 논도랑에서도 살고 물이 고여 있는 저수지나 늪에서도 산다. 왜몰개가 사는 곳에 미꾸리나 송사리, 버들매치가 함께 살기도 한다. 물살이 느리고 말즘 같은 물풀이 수북한 곳을 좋아한다. 송사리처럼 모기 애벌레인 장구벌레를 아주 잘 잡아먹는다. 다른 작은 물벌레도 잡아먹고 물풀도 먹는다. 물 위로 뛰어올라서 파리나 하루살이 같은 날벌레를 잡아먹기도 한다.

요즘에는 왜몰개가 점점 줄어들고 있다. 농약과 비료 때문에 물이 더러워지고, 논을 반듯하게 한다고 논도랑을 파헤쳐서 살 곳을 많이 잃었다. 일본에서는 왜몰개가 드물어져서 법으로 보호하고 있다.

다른 이름 용달치
북녘 이름 눈달치, 농달치, 농뚜치
사는 곳 논도랑, 저수지, 연못, 냇물
먹이 작은 물벌레, 물풀, 돌말
알 낳는 때 5~6월
분포 우리나라, 중국, 일본, 대만

갈겨니 *Zacco temminckii*

수컷

암컷

몸길이가 10~17cm다. 20cm 넘게
자라기도 한다. 몸이 납작하고 길다.
등은 푸른빛이 도는 밤색이고 배는 노랗다.
몸통에 굵고 거무스름한 줄이 있다.

2007년 7월 충남 부여 웅천천

갈겨니는 눈이 크다고 '눈검쟁이', 피라미와 닮았다고 '참피리'라고도 한다. 피라미보다 눈이 훨씬 크고 몸통에는 검고 굵은 줄이 가로로 또렷이 나 있다.

갈겨니는 산골짜기나 냇물에서 사는데 맑은 물이 흐르는 강에서도 산다. 여울에서 물살을 가르며 헤엄을 잘 친다. 깔따구 애벌레 같은 작은 물벌레를 잡아먹거나 돌에 붙은 돌말을 먹고 산다. 한여름에는 물을 차고 뛰어올라서 물 위를 날아다니는 하루살이나 잠자리 같은 날벌레를 잘 잡아먹는다.

갈겨니는 6~8월 사이에 알을 낳는다. 수컷은 배가 빨개지고 눈도 빨개진다. 강원도에서는 빨개진 수컷을 보고 '불괴리'라고 한다. 암컷은 '괴리'라고 한다. 입 둘레에 우툴두툴한 돌기가 잔뜩 돋아나고 뒷지느러미가 길어진다. 암컷과 수컷이 떼를 지어 헤엄치다가 모래와 잔자갈이 깔려 있는 여울 바닥을 파헤치면서 알을 낳는다.

갈겨니는 물이 더러워지면 못 산다. 예전에는 피라미보다 흔했는데 요즘에는 드물어졌다. 우리나라에는 갈겨니와 닮은 참갈겨니도 있다. 이 두 종은 서로 많이 닮아서 알아보는 게 쉽지 않다.

다른 이름 눈검쟁이, 눈검지, 참피리, 개리, 왕등어
북녘 이름 갈겨니, 불지네
사는 곳 산골짜기, 냇물, 강
먹이 물벌레, 돌말, 물풀, 날벌레
알 낳는 때 6~8월
분포 우리나라, 중국, 일본

피라미 *Zacco platypus*

암컷

수컷

몸길이는 10~17cm다. 몸이 길고 날씬하다.
등은 푸르스름한 밤색이고 배는 하얗다.
몸통에 옅은 푸른색 세로무늬가 열 개쯤 있다.
눈에 붉은 점이 있다.

2006년 7월 경기 연천 임진강

피라미는 우리나라 민물고기 가운데 가장 흔하다. 냇물에 많고 강이나 저수지에도 산다. 수십 마리가 떼를 지어 이리저리 헤엄쳐 다닌다. 돌에 붙어 있는 돌말이나 물풀도 먹고 작은 물벌레도 잡아먹는다. 물 위로 뛰어올라서 하루살이 같은 날벌레를 잡아먹기도 한다.

피라미는 6~8월에 알을 낳는다. 수컷은 주둥이에 좁쌀만 한 돌기가 잔뜩 돋아나고 뒷지느러미가 길어진다. 몸통이 파래지고 붉은 무늬가 군데군데 생겨서 울긋불긋해진다. 아가미와 지느러미도 조금 붉어진다. 몸빛이 달라진 수컷을 보고 '불거지'나 '비단피리'라고도 한다. 암컷은 은빛 그대로다.

암컷과 수컷이 떼로 모여서 모래나 잔자갈이 깔려 있는 바닥에 알을 낳는다. 뒷지느러미로 모래를 파헤치면서 알을 낳는다. 피라미 알은 모래무지나 돌고기나 참종개 같은 물고기가 주워 먹기도 한다.

피라미는 여름에 아주 쉽게 잡을 수 있다. 어항에 된장을 넣어 냇물에 담가 두면 피라미가 냄새를 맡고 들어간다. 한참 뒤에 건져 보면 피라미가 들어가 있다. 구멍이 좁은 어항에 한 번 들어가면 빠져나오지 못하기 때문이다.

다른 이름 불거지, 개리, 피리, 날피리, 갈피리
북녘 이름 행베리
사는 곳 냇물, 강, 저수지
먹이 물벌레, 돌말, 하루살이, 날벌레
알 낳는 때 6~8월
분포 우리나라, 중국, 일본, 대만

끄리 *Opsariichthys uncirostris amurensis*

몸길이가 20~40cm다. 몸이 길고 납작하다.
머리가 크고 입도 크다. 입이 삐뚤빼뚤하다.
몸이 푸르스름한데 등은 짙고 배는 하얗다.
옆줄은 배에서 아래로 휘어져 쭉 이어진다.

2005년 11월 강원 화천

끄리는 강이나 큰 저수지에서 산다. 저수지나 댐처럼 물이 고여 있는 곳을 좋아한다. 물살이 느리고 폭이 넓은 강에 많다. 물을 차고 물 위로 펄쩍펄쩍 잘 뛰어오른다고 강원도에서는 '날치'라고도 한다.

끄리는 몸집이 크며 입이 크고 삐뚤빼뚤하다. 새끼 때는 작은 물벌레와 물풀을 먹는다. 다 자라면 입맛이 바뀌어서 물벌레부터 물고기까지 움직이는 것은 닥치는 대로 잡아먹는다. 물고기를 쫓아다니다가 큰 입을 벌리고 덥석 물어서 잡아먹는다. 먹잇감으로 피라미를 아주 좋아한다. 그래서 피라미가 많이 사는 곳에는 끄리도 흔하다.

끄리는 5~7월에 알을 낳는데, 이때가 되면 수컷 몸이 화려하게 바뀐다. 등은 푸른 자주색으로 바뀌고 머리와 배, 지느러미는 진한 귤색으로 물든다. 머리와 주둥이, 꼬리와 뒷지느러미에는 우툴두툴한 돌기가 깨알만 하게 돋아난다. 몸이 화려하게 바뀐 수컷을 보고 '꽃날치'나 '불날치'라고도 한다. 물살이 세고 바닥에 자갈이 깔려 있는 너른 여울에 알을 낳는다.

끄리는 사람들이 강에서 낚시로 많이 잡고 어부들이 쳐 놓은 그물에도 잘 잡힌다. 성질이 급해서 잡아 놓으면 물 밖으로 마구 뛰어오른다.

혼인색을 띤 수컷

다른 이름 날치, 날피리, 어이, 꺼리, 강치리
북녘 이름 어헤, 날치
사는 곳 강, 저수지, 댐
먹이 물고기, 물벌레, 물풀, 새우, 날벌레
알 낳는 때 5~7월
분포 우리나라, 중국, 러시아

강준치 *Erythroculter erythropterus*

몸길이가 40~50cm다. 큰 놈은 1m까지
자란다. 온몸이 은색인데 등은 조금
푸르스름하다. 머리가 작고 주둥이가 삐죽
튀어나왔고 입이 위로 솟아 있다. 비늘이
아주 얇다.

2007년 3월 충남 강경 논산천

강준치는 온몸이 은빛으로 빛난다. 몸통은 납작하고 길다. 주둥이가 위로 삐죽 튀어나왔고 입이 위로 솟아 있다. 눈이 크다.

큰 강이나 댐에서 사는데 물살이 느린 냇물에서도 산다. 강물이 조금 더러워져도 잘 산다. 작은 물고기나 새우나 물벌레를 잡아먹는다. 헤엄을 치다가 곧잘 물 위로 뛰어오른다.

강준치는 5~7월에 강어귀로 내려가서 알을 낳아 물풀에 붙여 놓는다. 어린 새끼들은 무리를 지어 산다. 여울에서 지내다가 자라면서 점점 물이 깊은 곳으로 간다. 새끼는 두 해쯤 자라면 알을 낳을 수 있다.

강준치는 잡아 놓으면 금방 죽어 버린다. 어부들이 놓은 그물에 잘 드는데 성질이 급해서 이리 튀고 저리 튀며 한바탕 난리를 친다. 흔하게 잡히지만 잔가시가 많고 맛도 없어서 사람들이 잘 안 먹는다.

다른 이름 준치, 우레기, 물준치, 민물준치, 입쟁이
사는 곳 강, 저수지, 댐
먹이 작은 물고기, 새우, 물벌레
알 낳는 때 5~7월
분포 우리나라, 중국, 러시아, 대만

치리 *Hemiculter eigenmanni*

몸길이는 15~25cm다. 등이 푸르스름한 밤색이고 배는 은빛이다. 머리는 작고 눈은 크다. 입이 위로 올라와 있다. 옆줄은 배 쪽으로 내려가서 꼬리자루까지 쭉 이어진다.

2005년 3월 경기 강화 장흥저수지

치리는 몸이 길고 납작하다. 몸통에 누르스름하고 가는 줄이 한 줄 있다. 살치와 닮았는데 배가 더 얇고 옆줄을 이루는 비늘 수가 더 많다. 비늘이 얇아서 손으로 잡으면 잘 벗겨진다. 언뜻 보면 피라미와 닮아서 사람들이 잘못 알고 '피라미'라고 하기도 한다.

치리는 강이나 저수지에 살며 냇물이나 큰 댐에도 산다. 물살이 느린 곳에서 수십 마리가 떼를 지어 헤엄친다. 물 밑바닥에는 잘 안 내려가고 수면 가까이에서 논다. 실지렁이나 작은 새우, 물벌레를 잡아먹고 물풀도 먹는다. 알은 6~7월 사이에 낳는다. 알은 모랫바닥에 그냥 낳거나 물풀에 붙여 둔다. 새끼는 3년쯤 자라면 다 자란다.

낚시꾼들은 흔히 치리를 '날치'라고 한다. 저수지에서 낚시를 던지면 치리가 와서 날쌔게 미끼만 잘 떼어 먹는다. 낚시꾼들은 낚싯밥을 새로 달게 만드는 치리를 달가워하지 않는다. 치리는 맛이 없어서 잡아도 사람들이 잘 안 먹는다.

다른 이름 치레기, 치라미, 보리치리, 딴치, 날치
북녘 이름 강멸치
사는 곳 강, 냇물, 저수지, 댐
먹이 실지렁이, 작은 새우, 물벌레, 물풀
알 낳는 때 6~7월
분포 우리나라

살치 *Hemiculter leucisculus*

몸길이가 18~20cm다. 몸이 납작하고 길며 은빛이다. 등은 푸른빛이 도는 밤색이다. 머리가 작고 주둥이가 뾰족하다. 옆줄은 배 쪽으로 내려가서 꼬리자루까지 쭉 이어진다.

2006년 11월 경기 파주어촌계

화살처럼 생겼다고 '살치'라고 한다. 몸통이 길쭉하고 주둥이가 뾰족하다. 입이 작은데 튀어나왔고 위를 보고 있다. 치리와 닮았는데 살치는 등이 둥그렇게 휘었고, 몸통에 노란 줄이 없다.

살치는 물이 아주 느리게 흐르는 큰 강에서 산다. 커다란 저수지나 댐에서도 산다. 떼를 지어 헤엄치면서 실지렁이나 작은 물벌레, 새우 따위를 잡아먹는다. 진흙 바닥에서도 헤엄쳐 다닌다. 알은 6~7월에 낳는데 이때가 되면 수컷은 머리에 작은 돌기가 돋아난다. 알은 물풀에 붙이는데 여러 번에 걸쳐 낳는다. 새끼는 두 해 자라면 알을 낳을 수 있다. 늦가을이 되면 물이 깊은 강어귀로 내려가서 겨울을 난다.

살치는 임진강에서 많이 잡힌다. 물이 맑은 강 상류보다는 강어귀에 많다. 어부들은 살치를 잡으면 버린다. 고기에서 흙 냄새가 많이 나고 맛이 없어서 잘 안 먹는다고 한다.

북녘 이름 살티, 강청어
사는 곳 강, 저수지, 댐
먹이 실지렁이, 작은 새우, 물벌레, 물풀
알 낳는 때 6~7월
분포 우리나라, 중국, 대만, 러시아

종개 *Barbatula toni*

몸길이는 10~15cm다. 몸통은 가늘고 길다. 입수염은 윗입술에 두 쌍, 아랫입술에 한 쌍 있다. 가슴, 등, 꼬리지느러미에도 검은 점이 줄줄이 나 있다. 짧은 대롱이 콧구멍 밖으로 조금 나와 있다.

2007년 3월 강원 삼척 오십천

종개는 몸이 가늘고 길쭉하다. 몸통이 노란데 얼룩덜룩한 밤색 무늬가 있다. 머리는 위아래로 조금 납작하고 꼬리는 세로로 납작하다. 주둥이가 툭 튀어나왔는데 입가에 수염이 세 쌍 있다. 눈이 아주 작다.

종개는 산골짜기 아주 맑고 차가운 물에서만 산다. 모래와 자갈이 많이 깔린 여울에서 산다. 작은 물벌레를 잡아먹거나 돌말을 먹는다. 바닥에 닿을 듯이 이리저리 헤엄쳐 다닌다. 자갈이나 돌 밑에 잘 숨는데 큰 돌 아래에는 여러 마리가 한꺼번에 숨는다. 알은 5~6월 사이에 낳는다. 알을 어디에 낳는지는 아직 알려지지 않았다.

종개는 추운 지방에서 사는 물고기다. 우리나라 강원도 강릉 남대천보다 북쪽에 있는 산골짜기나 냇물에서 산다.

다른 이름 수수쟁이, 수수종개, 무늬미꾸라지
북녘 이름 말종개, 종간이, 돌종개
사는 곳 산골짜기, 냇물
먹이 작은 물벌레, 돌말
알 낳는 때 5~6월
분포 우리나라, 일본, 러시아

대륙종개 *Barbatula nudus*

몸길이는 10~20cm다. 몸이 누런 밤색인데 검은 무늬가 얼룩덜룩하게 나 있다. 몸통에 난 무늬가 종개에 견주어 자잘하다. 꼬리지느러미 끝이 곧다.

2004년 11월 경기 양평 문호천

몽골과 중국 대륙에도 산다고 '대륙종개'라고 한다. 종개와 많이 닮았다. 종개는 몸통에 있는 무늬가 큼지막한데 대륙종개는 작고 빽빽하다. 몸통에서 머리 쪽은 둥글지만 꼬리 쪽으로 가면 세로로 납작하다. 눈이 작고 입수염이 다섯 쌍인데 윗입술에 세 쌍 있다. 비늘은 살갗에 묻혀 있다.

대륙종개는 산골짜기나 냇물에서 산다. 찬물에서 사는데 물이 맑은 곳을 좋아한다. 맑은 물이 흐르고 자갈이나 모래가 있는 여울 바닥에서 이리저리 재빠르게 헤엄쳐 다닌다. 떼를 지어 몰려다니면서 돌이나 자갈 밑에 잘 숨는다. 알은 4~5월에 모래나 자갈 바닥에 낳는다.

대륙종개는 한강으로 흘러드는 냇물과 낙동강 상류에 산다. 요즘에 물이 더러워지면서 점점 줄어들고 있다.

다른 이름 산골지름종개, 산미꾸리
사는 곳 산골짜기, 냇물
먹이 작은 물벌레, 돌말
알 낳는 때 4~5월
분포 우리나라, 중국, 몽고

쌀미꾸리 *Lefua costata*

암컷

수컷

몸길이가 5~6cm다. 몸집이 작은데 몸통은 굵고 짧다. 암컷이 수컷보다 조금 더 크다. 입이 작고 눈도 작다. 수염이 네 쌍 있는데 세 쌍은 입가에 있고 한 쌍은 콧구멍에 붙어 있다. 몸통에는 검은 점들이 흩어져 있다.

2006년 10월 충남 태안 안면읍 논도랑

쌀미꾸리는 논도랑이나 웅덩이에서 산다. 산 밑 논도랑이나 개울에 흔하다. 늪이나 작은 냇물에서도 산다. 몸집이 작다고 북녘에서는 '애기미꾸라지'라고 한다. 강원도 양양 산골짜기 마을에서는 '옹고지'라고도 한다.

쌀미꾸리는 이리저리 날래게 헤엄을 잘 친다. 물풀이 수북한 논도랑에서 작은 물벌레나 물풀도 먹고 풀씨와 진흙도 먹는다. 미꾸라지처럼 진흙을 파고 들어가기도 하고, 물풀 뿌리를 뒤지고 들어가 숨기도 한다.

쌀미꾸리는 4~6월 사이에 알을 낳는다. 수컷은 주둥이 끝에서 꼬리까지 검은색 줄무늬가 생긴다. 알은 아침에 낳는다. 암컷이 헤엄쳐 다니면 수컷 서너 마리가 쫓아다닌다. 물가 물풀에 알을 붙이는데, 여러 번 나누어서 낳는다.

강원도 양양에서는 꺽지 낚시를 할 때 쌀미꾸리를 미끼로 쓰기도 한다. 쌀미꾸리를 잡아다 바늘에 매달고 낚싯대를 늘어뜨리면 꺽지가 먹으려고 잘 꼬여든다. 요즘에는 논도랑이나 작은 웅덩이들이 사라지면서 쌀미꾸리가 살 곳도 점점 줄어들고 있다.

다른 이름 옹고지, 용지리, 용미꾸리, 중미꾸리
북녘 이름 애기미꾸라지, 애기미꾸리
사는 곳 논도랑, 늪, 냇물
먹이 작은 물벌레, 물풀, 풀씨, 진흙
알 낳는 때 4~6월
분포 우리나라, 중국, 러시아 시베리아

미꾸리 *Misgurnus anguillicaudatus*

몸길이는 10~17cm다. 몸이 길쭉하고 둥글다. 온몸이 미끌미끌하다. 몸이 짙은 밤색인데 사는 곳에 따라서 몸 색깔이 조금씩 다르다. 입가에 수염이 세 쌍 있다. 꼬리지느러미에 까만 점이 한 개 있다.

2005년 3월 경기 김포 하성면 논도랑

방귀를 잘 뀐다고 '미꾸리'라고 한다. '밑이 구리다.'라는 말이 미꾸리가 되었다. 미꾸리는 물 위로 올라와서 입을 뻐끔거리면서 공기를 들이마시고는 물 밑으로 내려간다. 배 속으로 산소를 빨아들이고 남은 공기는 방귀처럼 똥구멍으로 내놓는다.

미꾸리는 논도랑이나 웅덩이에서 사는데 늪이나 냇물에도 흔하다. 물살이 느리고 바닥에 진흙이 깔려 있는 곳에서 산다. 몸이 길쭉하고 미끌미끌해서 진흙을 잘 파고 다닌다. 장구벌레나 실지렁이, 물이끼를 잡아먹고 산다. 작은 물벌레나 진흙을 먹기도 한다.

알은 6~7월 사이에 낳는다. 비가 온 날 밤에 알을 낳는다. 수컷 여러 마리가 암컷 배를 주둥이로 쪼다가 그 가운데 한 마리가 암컷 몸통을 둘둘 휘감고 가슴지느러미로 암컷 배를 꾹 눌러서 알을 짜낸다. 알을 낳은 뒤에는 진흙이나 모래 속에 묻는다.

미꾸리는 여름에 날이 가물어 물이 마르면 진흙을 깊이 파고 들어가 지낸다. 땅이 꽁꽁 어는 겨울에도 진흙 속으로 들어가서 꼼짝 않고 지낸다.

다른 이름 참미꾸라지, 보리미꾸라지, 웅구락지
북녘 이름 미꾸리, 미꾸라지
사는 곳 논, 늪, 저수지, 연못, 도랑, 냇물
먹이 장구벌레, 실지렁이, 물벌레, 진흙, 물풀
알 낳는 때 6~7월
분포 우리나라, 중국, 일본

미꾸라지 *Misgurnus mizolepis*

몸길이가 5~20cm다. 온몸이 밤색인데 배는 누렇다. 몸에 자잘한 검은 점이 많이 있다. 입가에는 수염이 세 쌍 있다. 수컷 가슴지느러미가 암컷보다 크다.

2006년 6월 전북 고창 서낭댕이 논

미꾸라지는 미꾸리와 꼭 닮았다. 미꾸라지는 입수염이 미꾸리보다 길고 꼬리지느러미에 까만 점이 없다. 몸이 길쭉하고 미끌미끌하다. 미꾸라지는 논에 많고, 미꾸리는 논보다는 냇물에 더 흔하다.

미꾸라지는 논바닥에서 꼬불탕꼬불탕 헤엄쳐 다닌다. 물벌레나 실지렁이를 잡아먹고 진흙을 먹기도 한다. 가만히 있다가 툭하면 흙탕물을 일으키면서 진흙을 파고 들어간다. 가끔 물 위로 올라와서 입을 뻐끔거리고 다시 물속으로 들어간다. 미꾸라지도 미꾸리처럼 공기를 들이마셔 배로도 숨을 쉰다.

미꾸라지는 4~6월 사이에 알을 낳는다. 비가 내려 논에 물이 차면 낳는데, 이때 수컷 가슴지느러미에는 작은 돌기가 생긴다. 수컷이 암컷 몸을 휘감고 알을 짜낸다. 알은 물풀 줄기나 지푸라기에 붙이는데 잘 떨어진다.

논에 미꾸라지가 많으면 농사가 잘 된다. 미꾸라지가 논바닥에 구멍을 뚫고 다니면 땅속까지 바람이 잘 통해 벼 뿌리가 튼실해진다. 가을걷이를 마친 시골에서는 논을 파서 미꾸라지를 잡기도 한다. 미꾸라지는 살갗에서 미끄덩거리는 물이 나와서 몸이 미끄럽다. 잡았다 싶어서 보면 손가락 사이로 쏙쏙 잘도 빠져나간다. 손으로 움켜쥐면 '꾸리룩 꾸리룩' 하는 소리를 내기도 한다.

다른 이름 논미꾸람지, 미꾸락지, 미꾸래이, 추어
북녘 이름 당미꾸리
사는 곳 논, 늪, 저수지, 연못, 둠벙, 논도랑, 냇물
먹이 장구벌레, 실지렁이, 물벌레, 진흙, 물풀
알 낳는 때 4~6월
분포 우리나라, 중국, 대만

새코미꾸리
Koreocobitis rotundicaudata

몸길이는 12~16cm다. 온몸에 빨갛고 까만 점이 퍼져 있다. 몸은 둥글고 긴데, 꼬리로 갈수록 납작하다. 입가에 수염이 세 쌍 있다. 등지느러미와 꼬리지느러미에 까만 줄무늬가 두 줄 있다.

2004년 11월 경기 양평 시우천

새코미꾸리는 코에서 등줄기까지 희끄무레하고 굵은 줄이 있다. 줄이 꼭 새 부리처럼 보인다고 '새코미꾸리'라고 한다. 미꾸라지처럼 길쭉하게 생겼다. 몸이 온통 빨간데 주둥이와 입수염도 빨갛다. 수컷이 암컷보다 몸 색깔이 짙다. 몸에 까맣고 자잘한 점이 많다. 두 눈 사이가 좁고 눈동자 둘레가 빨갛다.

새코미꾸리는 산골짜기나 냇물에서 산다. 아주 맑은 물이 흐르는 강에서도 산다. 큰 돌이나 자갈이 있는 여울에서 사는데 돌 틈을 들락날락하면서 작은 물벌레를 잡아먹거나 돌말을 긁어 먹는다. 넓적한 돌 밑에 들어가 몸을 동그랗게 말고 잘 숨는다. 알은 5~8월에 낳는다. 수컷은 몸이 훨씬 더 빨개진다. 여울가에 있는 돌에 알을 낳아 붙여 둔다.

임진강 어부들은 새코미꾸리를 강에서 산다고 '강미꾸라지'라고 한다. 새코미꾸리 눈 밑에는 끝이 둘로 갈라진 뾰족한 가시가 있는데, 놀라면 가시를 세운다. 잘못 만지면 가시에 찔릴 수 있다.

다른 이름 강미꾸라지, 용미꾸라지, 말기름쟁이
북녘 이름 흰무늬하늘종개
사는 곳 산골짜기, 냇물, 강
먹이 작은 물벌레, 돌말, 작은 물풀
알 낳는 때 5~8월
분포 우리나라

참종개 *Iksookimia koreensis*

몸길이는 8~18cm다. 7cm쯤 되는 것이 흔하다. 몸 색깔은 누런데 등은 짙고 배는 옅다. 머리가 작고 눈도 작다. 주둥이는 길고 끝이 둥그스름하다. 입수염이 세 쌍 있다.

2004년 7월 경기 연천 동막계곡

참종개는 기름을 바른 것처럼 몸이 미끌미끌하다고 '기름쟁이'라고도 한다. 몸이 가늘고 길쭉하다. 몸통에 얼룩덜룩한 검은 무늬가 줄줄이 나 있다. 머리에는 자잘한 검은 점이 있고 꼬리자루에는 크고 까만 점이 한 개 있다. 눈 밑에 작은 가시가 있어서 손으로 머리를 만지면 찔리기도 한다.

참종개는 물이 맑은 냇물이나 강에서 산다. 모래와 잔자갈이 깔려 있는 바닥에서 슬슬 기어 다닌다. 모래를 뒤지며 먹이를 찾는데 깔따구 애벌레 같은 작은 물벌레를 잡아먹는다. 모래를 입에 넣고 오물거리면서 모래에 붙어 있는 돌말을 걸러 먹기도 한다. 알은 6~7월에 낳는다. 알을 낳을 때는 수컷이 암컷 몸을 둘둘 감고 배를 짜듯이 조인다. 알은 몇 개씩 뭉쳐져서 알 덩어리로 바닥에 가라앉는다.

참종개는 모래 위에 가만히 있다가 잽싸게 모래를 파고 들어가서 잘 숨는다. 모래에 몸을 묻고 주둥이와 눈만 빠꼼히 밖으로 내놓기도 한다.

다른 이름 기름쟁이, 수수쟁이, 말미꾸라지, 기름조
북녘 이름 하늘종개, 싸리종개
사는 곳 냇물, 강
먹이 깔따구 애벌레, 돌말, 작은 물벌레, 작은 물풀
알 낳는 때 6~7월
분포 우리나라

왕종개

2006년 12월 전북 임실 섬진강 상류

 미꾸리 무리 가운데 몸집이 가장 크다고 '왕종개'라는 이름이 붙었다. 몸길이는 10~18㎝다. 몸이 누런색인데 등은 짙고 배는 하얗다. 몸통에 10~14개쯤 되는 큼직한 밤색 무늬가 얼룩덜룩 제멋대로 나 있다. 아가미 뒤에 있는 첫 번째 무늬가 시커멓다. 두 번째 무늬까지 색깔이 진한 것들도 있다.

 왕종개는 섬진강에서 처음으로 찾아냈다. 섬진강과 낙동강에 사는데 섬진강에 많고 낙동강에는 드물다. 산골짜기나 냇물에서 산다. 물살이 빠르고 바닥에 자갈이 깔린 곳에서 돌말이나 작은 물벌레를 먹는다. 알은 5~7월 사이에 낳는다.

다른 이름 기름도치, 얼룩미꾸라지, 양스래미, 노지름쟁이, 토저지
분포 우리나라
학명 *Iksookimia longicorpus*

기름종개

2007년 2월 경북 청도 청도천

　기름종개는 우리나라 낙동강과 형산강에서만 산다. 큰 강이나 냇물에서 살고 모래가 많이 깔린 곳에서 재빠르게 헤엄친다. 모래에 붙어 있는 작은 돌말이나 물벌레를 먹고 산다.

　기름종개는 참종개와 닮았는데 몸 옆구리에 점으로 된 줄이 네 줄 있다. 짝짓는 철이 되면 수컷은 몸에 있는 점들이 붙어서 줄이 된다. 등에도 줄이 생기고 옆구리에도 줄이 생긴다. 몸길이는 10~15cm인데 10cm쯤 되는 것이 흔하다. 알은 5~6월에 낳는다.

다른 이름 모래미꾸리, 자갈미꾸라지, 기름동갱이, 하늘미꾸라지, 기름도둑
분포 우리나라
학명 *Cobitis hankugensis*

부안종개 *Iksookimia pumila*

몸길이는 6~8cm다. 몸이 길고 통통하다.
머리에 자잘한 까만 점이 흩어져 있다.
입가에 수염이 세 쌍 있다. 등지느러미와
꼬리지느러미에는 띠무늬가 2~3줄 있다.
꼬리자루에 까만 점이 한 개 있다.

2007년 3월 전북 부안 백천

부안종개는 전북 부안에 있는 백천에서만 산다. 참종개와 닮았는데 몸집이 작다. 몸은 누런데 등에 굵고 둥글둥글한 검은 얼룩무늬가 7~10개 있다. 몸통 옆에도 옆줄을 따라서 동그란 점이 5~10개쯤 있다. 등에 난 얼룩무늬가 참종개보다 둥글둥글하고 큼지막하다.

부안종개는 물이 맑고 바위가 많은 곳에서 산다. 돌 틈과 모랫바닥에서 깔다구 애벌레나 작은 물벌레를 잡아먹는다. 모랫바닥에서 입으로 모래 알갱이를 집어 오물거리면서 작은 물풀을 걸러 먹기도 한다. 참종개처럼 모래 속으로 들어가 머리만 빼죽 내밀고 밖을 살피기도 한다.

알은 6~7월에 낳는다. 수컷이 암컷 몸을 감고 배를 꽉 조여서 알을 짜낸다. 새끼 때는 물가 고운 모래가 깔린 곳에서 지내고 점점 몸집이 자라면서 굵은 모래가 있는 곳으로 모인다. 그해에 깨어난 것은 겨울까지 3㎝쯤 자란다. 새끼는 두 해 자라면 알을 낳을 수 있다.

부안종개는 1987년에 발견되었는데 처음에는 참종개 친척쯤 되는 종으로 여겼다. 나중에 참종개와 달라서 새로운 종으로 발표하였다. 요즘에 부안댐이 생기면서 사는 곳과 숫자가 점점 줄어들고 있다. 더 줄어들기 전에 보호해야 할 물고기다.

다른 이름 호랑이미꾸라지, 양시라지, 기름쟁이
사는 곳 냇물
먹이 작은 물풀, 돌말, 작은 물벌레
알 낳는 때 6~7월
분포 우리나라

미호종개 *Cobitis choii*

몸길이는 7~12cm다. 몸통이 가느다랗다.
몸은 누런데 몸통에 옅은 갈색 무늬가 많다.
입가에는 수염이 세 쌍 있다. 꼬리자루에는
검은 점이 한 개 또렷하게 나 있다.

2006년 11월 충북 진천 백곡천

미호천에서 처음 찾았다고 '미호종개'라고 한다. 참종개와 닮았는데 몸이 훨씬 가늘다. 꼬리자루는 몸통보다 더 가늘고 잘록하다. 등에는 얼룩덜룩한 무늬가 있다. 눈에서 주둥이 끝까지 굵은 줄이 하나 있다. 몸통 옆에는 둥그스름한 밤색 반점이 12~17개 나란히 나 있다. 등지느러미와 꼬리지느러미에는 작은 점이 세 줄씩 줄줄이 있다.

미호종개는 맑은 물이 흐르는 냇물에서 산다. 물이 무릎쯤 오고 바닥에 가늘고 고운 모래가 있는 곳에서 산다. 모래 속에 몸을 파묻은 채 숨어 살아서 눈에 잘 안 띈다. 입으로 모래를 집어 먹는데 아가미에서 먹이만 거르고 남은 모래는 아가미 구멍으로 나온다. 모래에 붙어 있는 물풀이나 작은 물벌레를 먹는다. 모래를 파고 들어가서 잘 숨는다.

알은 5~7월에 낳는다. 새벽녘에 낳는데 암컷이 수면으로 솟구쳐 오르면 수컷 여러 마리가 뒤따르면서 주둥이로 암컷 배를 톡톡 쫀다. 수컷은 암컷 배를 조이듯 휘감는다. 알은 하루에도 몇 번씩 낳는다.

미호종개는 아주 드물다. 충청북도에 있는 미호천과 둘레에 있는 몇몇 냇물에만 산다. 냇물에서 모래를 퍼 가는 공사를 하고 물이 더러워지면서 점점 사라지고 있다. 나라에서 미호종개를 천연기념물로 정해서 보호하고 있다.

다른 이름 기름쟁이
사는 곳 냇물
먹이 돌말, 물풀, 작은 물벌레
알 낳는 때 5~7월
분포 우리나라

점줄종개 *Cobitis lutheri*

몸길이가 8cm쯤 된다. 몸은 누런색인데, 등은 진하고 배는 연하다. 머리에 자잘한 점이 많다. 몸통 옆에 밤색 점이 쭉 있다. 주둥이 끝에서 눈을 지나 등으로 이어지는 까만 줄이 하나 있다.

2006년 12월 충남 부여 입포천

점줄종개는 몸이 가늘고 길다. 몸통 옆에 밤색 점이 10~18개쯤 한 줄로 띄엄띄엄 이어져 있는데 점이 줄처럼 보인다. 그래서 '점줄종개'라는 이름이 붙었다. 등에는 머리 뒤에서 꼬리자루까지 줄이 하나 쭉 나 있고, 옆줄 밑에는 굵은 점이 한 줄로 띄엄띄엄 나 있다.

점줄종개는 냇물이나 강에서 사는데 물이 맑고 물살이 느린 곳에서 많이 볼 수 있다. 작은 물벌레나 모래에 붙어서 사는 작은 물풀을 먹고 산다. 모래 속으로 파고 들어가 잘 숨는다. 머리만 밖으로 내놓고 살피기도 한다.

알은 5~6월 사이에 낳는다. 이때가 되면 수컷은 몸에 난 점들이 이어져서 줄이 된다. 그래서 몸에 줄이 두 개가 된다. 암컷은 줄과 점이 그대로다. 수컷이 암컷 몸을 둘둘 감고 조여서 알을 낳는다.

점줄종개는 서해로 흐르는 냇물에 흔하다. 남해 쪽으로는 전라남도에 있는 냇물에서만 볼 수 있다.

다른 이름 기름뱅이, 꼬들래미, 기름장군, 삼아치
사는 곳 냇물, 강
먹이 작은 물벌레, 작은 물풀
알 낳는 때 5~6월
분포 우리나라, 중국, 러시아 시베리아

수수미꾸리 *Kichulchoia multifasciata*

몸길이는 10~13cm다. 몸은 가늘고 길다.
입가에 수염이 세 쌍 있다. 몸통에는 굵고 검은
줄무늬가 있다. 등지느러미와 꼬리지느러미에는
검은색 줄무늬가 두세 개 또렷하게 나 있다.
암수 가슴지느러미 모양이 같다.

2006년 12월 경북 경산 남천

수수미꾸리는 얼룩덜룩한 무늬가 온몸을 뒤덮고 있어서 '호랑이미꾸라지'라고도 한다. 몸통에 큼지막하고 까만 줄무늬가 세로로 많이 나 있다. 몸은 길쭉하고 노란데 머리, 입수염, 가슴지느러미, 배지느러미, 뒷지느러미는 주황색이다. 머리에는 자잘하고 까만 점들이 빼곡하게 나 있다.

수수미꾸리는 맑고 차가운 물이 흐르는 곳에서 산다. 물살이 빠른 여울을 좋아한다. 모래와 잔자갈이 어우러져 있는 곳에서 돌에 붙은 돌말을 먹거나 모래 속에 사는 작은 물벌레를 잡아먹는다. 큰 돌 밑에 잘 숨는다.

수수미꾸리는 겨울에 알을 낳는다. 미꾸리과의 다른 물고기들은 봄이나 여름에 알을 낳지만 수수미꾸리는 추운 겨울인 11~1월 사이에 낳는다. 12월 말부터 1월 중순까지 많이 낳는다. 다른 미꾸리과 물고기처럼 수컷이 암컷 몸뚱이를 둘둘 감고 조여서 알을 낳는다.

수수미꾸리는 아주 드물고 귀하다. 우리나라 낙동강 상류와 낙동강으로 흘러드는 냇물이나 산골짜기에 산다.

다른 이름 수수종개, 자갈미꾸라지, 얼룩미꾸라지
북녘 이름 줄무늬하늘종개
사는 곳 산골짜기, 냇물
먹이 돌말, 작은 물벌레, 작은 물풀
알 낳는 때 11~1월
분포 우리나라

좀수수치 *Kichulchoia brevifasciata*

몸길이는 5cm쯤 된다. 몸집이 아주 작다.
주둥이는 작고 둥글며 입술이 두툼하다.
입가에는 수염이 세 쌍 있다. 꼬리자루에는
아주 동그란 검은 점이 한 개 또렷하게 있다.

2006년 10월 전남 고흥 거금도

좀수수치는 우리나라에 사는 미꾸리과 물고기 가운데 몸집이 가장 작다. 그래서 '좀수수치'라고 한다. '좀'은 동식물 가운데 크기가 작은 종류를 이를 때 앞에 붙여 쓰는 말이다. 몸은 조금 누런데 온몸에 짙은 밤색 무늬가 얼룩덜룩하게 나 있다.

좀수수치는 우리나라 남쪽 끝자락인 고흥 반도와 그 둘레에 있는 섬에서만 산다. 모래와 자갈이 깔려 있고 물이 무릎쯤 오는 산골짜기 냇물에서 산다. 여울 바로 아래 조금 웅덩이진 곳을 좋아한다. 아주 작은 물벌레를 잡아먹고 작은 물풀이나 돌말도 먹는다. 알은 4~5월에 낳는다.

좀수수치는 1995년에 전라남도 여천군 금오도에서 처음 찾아냈다. 우리나라에만 사는데 아주 드물고 귀하다. 요즘 냇물 바닥을 파헤치고 모래나 자갈을 퍼 가기 때문에 흙탕물이 일고, 더러운 물이 흘러들면서 좀수수치가 사는 곳이 점점 줄어들고 있다. 더 사라지기 전에 하루빨리 보호해야 하는 물고기다.

다른 이름 기름쟁이
사는 곳 산골짜기, 냇물
먹이 작은 물벌레, 돌말, 물풀
알 낳는 때 4~5월
분포 우리나라

동자개 *Pseudobagrus fulvidraco*

몸길이는 10~20cm다. 몸통에 거무스름한
무늬가 군데군데 있다. 머리가 위아래로
납작하다. 입가에 긴 수염이 네 쌍 있다.
두 쌍은 위턱에 있고 두 쌍은 아래턱에
있다. 등에 기름지느러미가 있다.

2006년 9월 충남 보령 봉당천

동자개는 '빠가빠가' 하는 소리를 낸다. 그래서 흔히 '빠가사리'라고도 한다. 가슴지느러미를 몸통에 비벼서 내는 소리다. 온몸이 풀색인데 얼룩덜룩하고 비늘이 없어서 매끄럽다.

동자개는 아주 흔하다. 냇물에도 살고 강이나 저수지에서도 산다. 따뜻하고 탁한 물을 좋아한다. 물살이 느리고 모래나 진흙이 깔려 있는 곳이나 큰 돌이나 자갈이 많은 곳에도 산다. 낮에는 돌 밑이나 바위틈에 숨어 있다가 밤에 나와서 먹이를 찾아다닌다. 작은 물고기, 새우, 물벌레 따위를 잡아먹는다. 물고기 알이나 지렁이도 먹는다. 겨울이 되면 물이 깊은 곳으로 옮겨 간다. 큰 바위 밑에 수십 마리가 들어가서 겨울을 난다.

알은 5~7월 사이에 낳는다. 수컷은 얕은 물가에서 가슴지느러미로 진흙 바닥을 우묵하게 파서 알자리를 미리 마련한다. 암컷이 와서 알을 낳으면 수컷은 알을 지킨다. 새끼가 스스로 헤엄쳐 다닐 때까지 곁에서 돌본다.

동자개는 맛이 좋아서 사람들이 잡기도 하고 일부러 기르기도 한다. 사람에게 잡히면 가슴지느러미와 등지느러미를 꼿꼿이 폈다 접었다 한다. 지느러미 끝에 억세고 뾰족한 가시가 있는데 찔리면 아주 따갑고 아프다. 가시로 따갑게 쏜다고 동자개를 '쐬기'라고도 한다.

다른 이름 빠가사리, 빠가, 쐬기, 쏜쟁이, 참빠가
북녘 이름 자개, 빠가사리
사는 곳 냇물, 강, 저수지
먹이 작은 물고기, 새우, 물벌레, 물고기 알
알 낳는 때 5~7월
분포 우리나라, 중국, 일본, 대만, 러시아

눈동자개

2006년 11월 경기 연천어촌계

    눈과 눈두덩이가 새까매서 '눈동자개'라는 이름이 붙었다. 몸이 누렇다고 임진강에 사는 어부들은 '황빠가'라고 한다. 온몸이 우중충한 누런 밤색이다. 동자개와 닮았는데 몸이 훨씬 가늘고 길쭉하다. 수염이 네 쌍 있다. 가슴지느러미 가시 앞뒤에 톱니가 있다. 몸길이는 20~30cm다.

    눈동자개는 바닥에 자갈과 진흙이 깔린 냇물이나 큰 강에서 산다. 낮에는 바위틈에 숨고 밤에 나와서 물벌레와 물고기를 잡아먹는다. 알은 5~7월에 낳는다. 암컷과 수컷이 한 곳에 떼로 모여들어 가슴지느러미로 바닥을 움푹하게 파고 알을 낳는다. 겨울에는 떼를 지어 물속 깊은 곳 큰 돌 밑에 들어가 지낸다.

다른 이름 황빠가, 당자개, 종자개, 보리자개, 자개사리, 벼리자개
사는 곳 냇물, 강
분포 우리나라
학명 *Pseudobagrus koreanus*

대농갱이

2005년 4월 경기 연천 임진강

대농갱이는 큰 강에서 산다. 물살이 느리고 바닥에 모래와 진흙이 있는 곳에서 산다. 작은 물고기나 물벌레, 새우, 실지렁이, 물고기 알을 먹는다. 알은 5~6월 사이에 낳는데 떼를 지어 강바닥에 모여든다. 수컷이 진흙 바닥을 파면 암컷이 알을 낳는다. 수컷이 알을 돌본다.

대농갱이는 동자개 무리 가운데 몸집이 가장 크다. 몸길이가 30~40㎝ 다. 몸은 짙은 밤색이고 무늬가 거의 없다. 눈동자개와 닮았는데 입가에 난 수염이 아주 짧다. 가슴지느러미 가시는 안쪽에만 톱니가 있다. 이 가시를 세워서 비벼 '꾸꾸' 하는 소리를 내기도 한다.

다른 이름 그렁치, 그렁채, 술농갱이, 메기사촌, 갈자개미, 쇠칠지리
북녘 이름 농갱이, 방치농갱이, 우쑤리종어
분포 우리나라, 중국, 러시아
학명 *Leiocassis ussuriensis*

꼬치동자개 *Pseudobagrus brevicorpus*

몸길이는 8~10cm다. 몸은 짙은 밤색인데
노란 무늬가 얼룩덜룩 나 있다. 배는
샛노랗다. 몸에 비늘이 없다. 머리는 넓적하고
주둥이는 끝이 뭉툭하다.

2006년 12월 경남 함안 가야읍

꼬치동자개는 동자개 무리 가운데서 가장 작다. 다 커도 어른 손가락만 하다. 몸은 굵고 짤막하다. 몸 여기저기에 샛노란 무늬가 얼룩덜룩 나 있다. 주둥이는 뭉툭하고 입가에 수염이 네 쌍 있는데 모두 길다. 등지느러미와 가슴지느러미에는 억센 가시가 있다.

꼬치동자개는 물이 아주 맑고 바닥에 잔돌이 있는 냇물에서 산다. 여울 아래 물살이 잦아들고 물이 허리쯤 오는 곳에 산다. 큰 바위 밑이나 물풀이 우거진 곳을 좋아한다. 낮에는 숨어 있고 저물녘에 나온다. 돌 틈에 사는 작은 물고기나 물벌레를 잡아먹는다. 다른 물고기가 낳은 알도 주워 먹는다. 알은 6~7월에 물풀 줄기에 낳는다. 새끼 때는 물풀 속에 잘 숨고 점점 자라면서 큰 바위 밑에 들어간다.

꼬치동자개는 아주 드물고 귀하다. 우리나라 낙동강 상류와 낙동강으로 흘러드는 냇물에만 산다. 요즘에 물이 더러워지고 냇물에서 집 지을 자갈을 많이 퍼 가면서 꼬치동자개가 사는 곳이 점점 줄어들고 있다. 나라에서는 천연기념물로 정해서 보호하고 있다.

다른 이름 빠가 새끼, 띵가리, 때구살이, 짜구사리
북녘 이름 어리종개
사는 곳 냇물
먹이 물벌레, 작은 물고기, 물고기 알
알 낳는 때 6~7월
분포 우리나라

밀자개 *Leiocassis nitidus*

몸길이는 10~15cm다. 몸이 둥글납작하다.
입가에 수염이 네 쌍 있다. 눈 쪽에 있는
한 쌍은 아주 짧다. 지느러미는 조금 검다.
등에 기름지느러미가 있다.

2006년 11월 경기 파주어촌계

밀자개는 몸이 희끗희끗하다고 '백자개'라고도 한다. 생김새가 동자개랑 닮았는데 몸집이 작고 동자개보다 배가 홀쭉하다. 몸에 비늘이 없어서 살갗이 미끈하다. 몸통에 거무스름한 무늬가 큼직큼직하게 나 있는데 옆줄이 무늬를 끊고 쭉 지나간다. 입수염은 네 쌍 있는데 입가에 난 수염 한 쌍만 길고 나머지는 아주 짧다.

밀자개는 바닷물이 들락날락하는 강어귀에서 산다. 바닷물 물때에 맞춰서 강줄기를 타고 오르락내리락한다. 밀물이 들면 강 위쪽으로 올라가고 썰물로 바닷물이 빠져나가면 내려온다. 진흙이 깔려 있는 바닥에서 새우, 작은 물고기, 물벌레를 잡아먹고 산다.

알은 5~6월 사이에 낳는다. 이때가 되면 강 중류까지 올라가 떼를 지어 알을 낳는다. 알을 낳은 뒤에는 다시 강어귀로 내려간다.

임진강에 사는 어부들은 밀자개를 '밀빠가'라고 한다. 바닷물 물때에 맞춰서 왔다 갔다 할 때 그물에 잡힌다. 날씨가 추워지는 10~11월 사이에 많이 잡힌다고 한다. 작고 살이 없어서 사람들이 일부러 찾지는 않는다.

다른 이름 백자개, 밀빠가, 밀자가, 밀빠가사리
북녘 이름 소꼬리, 쇠꼬리, 긴자개, 소촐농갱이
사는 곳 강
먹이 물벌레, 새우, 작은 물고기
알 낳는 때 5~6월
분포 우리나라, 중국

메기 *Silurus asotus*

몸길이는 30~50cm다. 온몸이 풀색인데 배는 누렇거나 희끄무레한 잿빛이다. 뒷지느러미는 아주 길어서 끝이 꼬리지느러미 앞까지 온다. 등지느러미는 아주 작다.

2005년 3월 경기 김포 전류리 포구

메기는 덩치가 크고 비늘이 없어서 온몸이 미끌미끌하다. 얼룩덜룩한 풀색 무늬가 있다. 입이 크고 입가에 긴 수염이 두 쌍 있다. 수염을 이리저리 더듬어 먹이를 찾는다.

메기는 강에도 살고 저수지나 늪에서도 산다. 낮에는 물풀 속이나 바위 밑에 숨어 있다가 밤에 나와서 어슬렁어슬렁 헤엄쳐 다닌다. 물고기, 새우, 거머리, 물벌레, 지렁이를 잡아먹는다. 큰 입으로 개구리도 한입에 삼킨다. 먹성이 좋아서 이것저것 가리지 않고 닥치는 대로 먹는다.

메기는 5~7월 사이에 물가에 알을 낳는다. 수컷이 암컷 몸뚱이를 칭칭 휘감고 배를 눌러서 알을 낳는다. 알은 물풀이나 자갈에 붙여 둔다. 돌 밑이나 모래에도 낳는다. 어린 새끼들은 먹이가 모자라면 서로 잡아먹기도 한다. 새끼는 3년쯤 자라면 알을 낳을 수 있다.

메기는 힘이 세고 생명력이 강하다. 한여름에 날이 가물어 물이 마르면 진흙을 파고 들어가서 지낸다. 드렁허리가 파 놓은 구멍에 들어가 숨어 지내기도 한다. 메기는 아주 오래 사는데 40년을 넘게 사는 것도 있다. 맛이 좋아서 사람들이 먹으려고 일부러 많이 기른다.

짝짓기 하는 메기

다른 이름 미기, 며기, 참메기, 들메기, 논메기
북녘 이름 메기, 메사구
사는 곳 강, 저수지, 냇물, 늪
먹이 물고기, 물벌레, 개구리, 새우, 거머리, 물풀
알 낳는 때 5~7월
분포 우리나라, 중국, 일본, 대만

미유기 *Silurus microdorsalis*

몸길이는 15~25cm다. 몸이 가늘고 길다. 머리가 작고 납작하다. 입이 크고 입수염이 두 쌍 있다. 눈은 작고 두 눈 사이가 넓다. 등지느러미는 아주 작고, 뒷지느러미는 아주 길다. 입속에는 작은 이빨이 있다.

2006년 11월 충남 보령 웅천천 상류

미유기는 메기랑 비슷하게 생겼는데 몸집이 훨씬 작다. 메기는 몸이 통통하지만 미유기는 가늘고 길다. 몸 색깔은 거무스름한 밤색인데 배는 하얗거나 노랗다. 사는 곳에 따라서 몸 색깔이 거무튀튀하거나 옅다. 몸에 비늘이 없어서 미끌미끌하다.

미유기는 산골짜기 맑고 차가운 물에서 산다. 물이 아주 맑은 냇물에서도 산다. 바위와 돌이 많은 곳을 좋아하는데 낮에는 바위 밑에 숨어 있고 밤에 나와서 돌아다닌다. 머리가 작고 납작해서 돌 틈을 잘 비집고 들어간다. 좁은 돌 틈이나 바위 밑을 들락날락하면서 작은 물고기나 새우, 물벌레를 잡아먹는다. 알은 4~6월 사이에 낳는다. 수컷이 암컷 몸을 휘감고 배를 눌러서 낳는다.

미유기는 산에서 사는 메기라고 '산메기'라고도 하고 바위와 돌이 많은 곳에서 산다고 '돌메기'라고도 한다. 요즘에는 물이 더러워지면서 수가 점점 줄어들고 있다.

다른 이름 산메기, 돌메기, 올챙이메기, 깔딱메기
북녘 이름 는메기, 늣메기, 긴메기
사는 곳 산골짜기, 냇물
먹이 작은 물고기, 물벌레, 새우, 날도래 애벌레
알 낳는 때 4~6월
분포 우리나라

자가사리 *Liobagrus mediadiposalis*

섬진강 자가사리 2006년 12월 전북 임실

몸길이는 6~12cm다. 온몸이 누런 밤색이다. 머리는 위아래로 납작한데 머리 한가운데 골이 파였다. 입수염이 네 쌍 있다. 몸통은 둥글고 통통한데 꼬리지느러미로 갈수록 납작하다. 등에 난 기름지느러미는 꼬리지느러미와 이어진다.

자가사리는 온몸이 누런 밤색이다. 몸에 비늘이 없고 살갗이 미끄러운 물로 덮여 있어서 아주 미끌미끌하다. 머리가 납작한데 한가운데 골이 깊게 파였다. 눈이 작고 툭 튀어나와 있다.

자가사리는 산골짜기나 냇물에서 산다. 바닥에 자갈이나 큰 돌이 깔린 곳에 많다. 낮에는 돌 밑에 숨고 밤에 나와서 돌아다닌다. 날도래 애벌레나 작은 물벌레를 잡아먹는다. 긴 수염과 넓적한 주둥이로 돌바닥을 헤집고 다니면서 먹이를 찾는다. 알은 4~6월 사이에 여울진 곳 돌 틈에 한 뭉치씩 낳는다. 암컷은 알을 낳은 뒤에도 자리를 안 떠나고 지킨다.

자가사리는 우리나라 남부 지방에 산다. 금강, 낙동강, 영산강, 섬진강 상류와 중류에 산다. 섬진강에 사는 자가사리는 꼬리지느러미에 샛노란 초승달 무늬가 있다.

낙동강 자가사리 2007년 2월 경남 밀양

다른 이름 쏠종개, 독빠가, 물쐐기, 쐐기메기
북녘 이름 남방쏠자개
사는 곳 산골짜기, 냇물
먹이 날도래 애벌래, 강도래 애벌레, 작은 물벌레
알 낳는 때 4~6월
분포 우리나라

퉁가리 *Liobagrus andersoni*

몸길이가 10cm쯤 된다. 온몸이 누렇다.
머리 한가운데 골이 깊게 패여 있다. 아가미가
불룩 솟아 있다. 눈이 아주 작은데 툭
튀어나와 있다. 입가에 수염이 모두 네 쌍
있다. 등에 기름지느러미가 있다.

2004년 9월 경기 연천 사미천

퉁가리는 머리가 아주 납작하다. 돌로 머리를 눌러 놓은 것 같다고 강원도에서는 '누름바우'라고도 한다. 몸집이 작아서 다 커도 손가락만 하다. 자가사리처럼 온몸이 누런 밤색인데 등은 진하고 배는 옅다. 몸에 비늘이 없고 살갗이 미끌미끌하다.

퉁가리는 물이 맑은 산골짜기나 냇물에서 산다. 바닥에 돌과 자갈이 있는 여울에서 사는데 납작한 머리로 돌 틈을 잘 비집고 들어간다. 낮에는 돌 밑에 숨고 밤에 나와서 먹이를 잡아먹는다. 먹잇감으로 날도래 애벌레나 강도래 애벌레를 아주 좋아한다. 날도래 애벌레 집을 통째로 입에 넣고 오물거리면서 애벌레를 빼 먹는다. 집은 도로 뱉어 낸다. 다른 물벌레도 잡아먹는다. 알은 5~6월 사이에 낳는다. 물살이 세게 흐르는 곳 돌 틈에 알을 뭉치로 낳는다. 암컷은 알을 낳은 뒤에도 자리를 떠나지 않고 지킨다. 새끼는 두 해쯤 자라면 알을 낳을 수 있다.

퉁가리는 '퉁가리보쌈'으로 잡을 수 있다. 대야를 보자기로 막고 동그랗게 구멍을 뚫은 뒤에 날도래 애벌레를 찢어서 넣는다. 냇물 바닥을 파고 묻어 두면 퉁가리가 날도래 애벌레 냄새를 맡고 대야 속으로 들어간다. 퉁가리는 가슴 지느러미에 가시가 있어서 찔리면 아주 쓰리다. 퉁퉁 부어오르기도 한다. 그래서 '퉁수'나 '퉁쇠'라고도 한다.

다른 이름 누름바우, 탱바리, 탱가리, 쐐기, 사발탱수
북녘 이름 쏠자개, 황충이, 조선쏠자개
사는 곳 산골짜기, 냇물
먹이 날도래 애벌래, 강도래 애벌레, 작은 물벌레
알 낳는 때 5~6월
분포 우리나라

빙어 *Hypomesus nipponensis*

몸길이는 10~14cm다. 몸은 가늘고 긴데 옆으로 납작하다. 온몸에 은빛이 돌고 몸속이 훤히 비친다. 등은 거무스름하고 배는 하얗다. 주둥이는 뾰족하고 입이 작다. 등지느러미 뒤에 얇고 작은 기름지느러미가 있다.

2006년 1월 강원 춘천댐

빙어는 이름이 한자말인데 '얼음 물고기'라는 뜻이다. 너른 저수지나 댐에서 사는데 겨울이 되어야 볼 수 있다. 한겨울에 얼음장 밑에서 수십 마리가 떼를 지어 헤엄쳐 다닌다. 새우나 깔다구 애벌레 같은 물벌레를 잡아먹는다. 찬물에 살아서 여름에는 물속 깊은 곳에서 지낸다.

빙어는 2~4월에 알을 낳는다. 저수지로 흘러드는 개울에 알을 낳으려고 떼를 지어 물살을 거슬러 오른다. 물이 얕고 모래와 자갈이 있는 곳에 알을 낳는다. 알에서 깨어난 새끼는 저수지로 내려간다. 깊은 곳에서 물벼룩 같은 작은 물벌레를 먹고 자란다. 물이 차가워지는 겨울에 수면으로 올라온다. 봄이 되면 여울을 거슬러 올라와서 알을 낳는다. 어미는 알을 낳고 죽는다.

빙어는 본디 바다와 강을 오가면서 사는 물고기다. 우리나라 동해 북부 지방 강어귀에 산다. 사람들은 1920년대부터 빙어를 잡아다가 기르려고 커다란 저수지와 댐에 풀어 놓았다. 그래서 저수지와 댐에 살게 되었다. 겨울에 저수지가 두껍게 얼면 사람들은 빙어 낚시를 한다. 꽝꽝 언 얼음장 위에서 동그랗게 구멍을 내고 낚시를 한다.

다른 이름 빙애, 공어, 방아, 뱅어, 돌꼬리
북녘 이름 빙어, 나루매
사는 곳 저수지, 댐, 강
먹이 물벼룩, 깔다구 애벌레, 작은 새우, 물벌레
알 낳는 때 2~4월
분포 우리나라, 일본, 러시아, 알래스카

은어 *Plecoglossus altivelis*

몸길이는 20~30cm다. 몸이 길고 옆으로
납작하다. 등은 잿빛 밤색이고 배는
은백색이다. 비늘은 아주 잘다. 머리는 크고
주둥이 끝이 뾰족하다. 입이 커서 턱이
눈 아래까지 온다. 등에 기름지느러미가 있다.

2006년 9월 전북 정읍 산내

온몸에 은빛이 돌아서 '은어'라고 한다. 은어가 떼로 물을 차고 뛰어오르면 은빛 비늘이 반짝거린다. 맑은 물이 흐르고 돌이 깔린 강에서 산다. 돌에 낀 돌말을 먹는데 헤엄치다가 몸을 뉘여 넓적한 입으로 돌말을 훑는다.

은어는 바다와 강을 오가면서 산다. 봄에 새끼 은어가 떼를 지어 강을 거슬러 오른다. 강을 오르면서 자라는데 강 상류에 다다르면 20cm까지 큰다. 이쯤 큰 은어를 전라도에서는 대나무 잎사귀만 하다고 '댓잎은어'라고 한다. 강여울에 다다르면 큼지막한 바윗돌 밑에 먹자리를 잡고 붙박여 산다. 제 먹자리에 다른 은어가 들어오면 돌 밑에서 뛰쳐나와 얼씬도 못 하게 쫓아낸다.

은어는 가을에 알을 낳으러 강어귀로 내려간다. 밤에 암컷과 수컷이 떼로 모여드는데 암컷 한 마리에 수컷 여러 마리가 달라붙어서 몸을 비비고 법석을 떤다. 모래와 자갈이 깔린 곳에서 지느러미로 바닥을 조금 파고 알을 낳는다. 어미는 알을 낳고 죽는다. 새끼는 바다에서 겨울을 나고 이듬해 봄에 강을 거슬러 오른다. 은어는 한 해만 지나면 다 자란다.

은어는 몸에서 비린내가 안 나고 알싸한 수박 냄새가 난다. 고기가 맛있어서 사람들이 즐겨 잡는다. 흔히 낚시로 잡는데 텃세를 부리는 성질을 이용한다. 은어를 미끼로 먹자리를 지키고 있는 은어를 꾀어 내서 낚는다.

다른 이름 곤쟁이, 언어, 은피리, 은구어, 향어
사는 곳 강, 냇물
먹이 돌말, 작은 물벌레
알 낳는 때 9~10월
분포 우리나라, 중국, 일본, 대만

열목어 *Brachymystax lenok tsinlingensis*

몸길이는 30~70cm다. 몸이 길고 통통하다. 몸이 노르스름한 밤색인데 등은 진하고 배는 연하다. 눈이 크다. 등지느러미만 빼고 지느러미가 모두 주황색이다. 비늘이 아주 잘다.

2007년 3월 강원 삼척 내수면연구소

열목어는 맑고 차가운 물이 흐르는 깊은 산골짜기에서 산다. 여울 곳곳에 있는 깊은 웅덩이에서 천천히 헤엄쳐 다닌다. 여러 마리가 모여서 헤엄치는데 놀라면 흩어져서 큰 바위 밑으로 들어가 숨는다. 힘이 세서 물살이 센 여울도 잘 타고 오른다. 먹잇감으로 금강모치를 아주 좋아한다. 물벌레나 새우 따위도 잡아먹는다.

열목어는 몸이 길고 통통하다. 몸통에 작고 까만 점이 흩어져 있다. 등지느러미에도 검은 점이 있다. 등에는 기름지느러미가 있다. 4~5월 사이에 알을 낳는다. 봄비와 함께 얼음이 녹아서 흐르기 시작하면 여울을 타고 올라간다. 밤에 떼를 지어 여울로 가는데 모래와 자갈이 깔려 있고 물이 무릎쯤 오는 곳이다. 바닥을 우묵하게 파서 알을 낳고 모래와 자갈로 덮어 둔다. 겨울에는 깊은 곳에 있는 바위 밑으로 들어가서 지낸다.

열목어는 아주 드물고 귀하다. 우리나라에서는 열목어를 보호하려고 열목어가 사는 강원도와 경상북도 산골짜기 두 곳을 천연기념물로 정해 놓았다.

다른 이름 연매기, 댓잎이, 김일성고기
북녘 이름 열묵어, 열무기, 세지, 산치, 참고기
사는 곳 산골짜기
먹이 물고기, 물벌레, 새우
알 낳는 때 4~5월
분포 우리나라, 중국, 러시아

산천어 *Onchorhynchus masou*

몸길이가 20cm다. 몸이 누르스름한 녹색이다. 등에 작고 진한 밤색 반점이 여기저기 흩어져 있다. 등에 작은 기름지느러미가 있다. 입이 크고 입속에는 작고 뾰족한 이빨이 있다.

2007년 2월 충남 보령민물생태관

산천어는 맑고 차가운 물이 흐르는 산골짜기에서만 산다. 우리나라에서는 동해로 흘러가는 냇물 상류에서 산다. 물이 콸콸 쏟아지는 폭포 아래 바위틈에 잘 숨어 있다. 물벌레나 작은 물고기를 잡아먹는다.

산천어와 송어는 본디 같은 물고기다. 송어는 산골짜기에서 나서 강줄기를 타고 바다로 나가 산다. 바다로 가지 않고 산골짜기에서만 사는 것이 산천어다. 산천어는 몸집이 작은데 송어는 몸집이 커서 몸길이가 60cm까지 자란다.

산천어는 등이 황금색인데 가을에 검은빛으로 바뀐다. 알은 9~10월에 자갈이 깔린 여울에 낳는다. 수컷이 웅덩이를 파서 알자리를 만들면 암컷이 알을 낳는다. 알을 낳은 뒤에는 자갈과 모래로 덮는다. 수컷은 한 해 지나면 다 자라지만, 암컷은 3년이 지나야 알을 낳을 수 있다. 다 자라면 몸통에 거무스름한 반점이 옆줄을 따라서 열 개 줄지어 난다.

송어는 가을에 바다에서 강을 거슬러 올라가서 알을 낳는다. 알에서 깨어난 새끼는 이듬해 봄에 바다로 내려간다. 바다에서 살다가 두 해 반이 지나면 다시 강을 거슬러 올라간다. 송어와 산천어는 맛이 좋아서 사람들이 먹으려고 일부러 기르기도 한다.

다른 이름 조골래, 쪼고리북, 곤들매기
북녘 이름 산천어, 산이면수
사는 곳 산골짜기
먹이 물벌레, 새우
알 낳는 때 9~10월
분포 우리나라, 중국

송사리 *Oryzias latipes*

암컷

수컷

몸길이가 3~4cm다. 몸집이 아주 작고 배가 통통하다. 몸이 연한 밤색인데 배는 하얗다. 몸속이 훤히 비친다. 머리는 작은데 눈은 크다. 두 눈이 옆으로 툭 튀어나왔다. 주둥이가 빼죽 나와 있다. 등지느러미는 짧고 뒷지느러미는 길다.

2007년 4월 전남 목포 대양동 논도랑

송사리는 우리나라에 사는 민물고기 가운데 가장 작다. 새끼손가락보다도 작다. 눈이 크고 툭 불거져 나와서 '눈쟁이'라고도 한다. 예전에는 논과 논도랑에 아주 흔했는데 농약을 치면서 많이 사라졌다. 요즘에는 사람들이 집에서 기르기도 한다.

송사리는 연못이나 저수지, 늪, 물살이 느린 냇물에도 산다. 둠벙 같은 작은 물웅덩이에서도 살고 강어귀 바닷물이 섞인 곳에서도 산다. 여름에 큰비가 오면 강어귀까지 떠내려갔다가 강물을 거슬러 오르기도 한다. 수면 가까이에서 떼를 지어 헤엄치다가 사람이 다가가면 잽싸게 흩어진다. 먹잇감으로 모기 애벌레인 장구벌레를 아주 좋아한다. 입이 위를 보고 있어서 물에 떠 있는 장구벌레를 잡아먹기 좋다. 물벼룩, 실지렁이, 작은 물벌레나 해캄 같은 물풀도 먹는다. 작은 것이면 이것저것 안 가린다.

송사리는 한 해에 두 번 알을 낳는다. 5~7월 사이에 한 번 낳고, 9~10월에 또 낳는다. 수컷 한 마리가 암컷 여러 마리와 짝을 짓는다. 암컷은 알을 낳아 배에 달고 다니다가 물풀에 배를 비벼서 알을 한 개씩 붙인다. 겨울에는 물속에 가라앉은 가랑잎이나 물풀 더미 밑에서 지낸다.

다른 이름 눈쟁이, 눈굼쟁이, 눈깔망탱이, 눈발때기
사는 곳 논, 연못, 웅덩이, 늪, 저수지, 냇물
먹이 장구벌레, 실지렁이, 작은 물벌레, 물풀, 풀씨
알 낳는 때 5~7월, 9~10월
분포 우리나라, 일본

가시고기 *Pungitius sinensis*

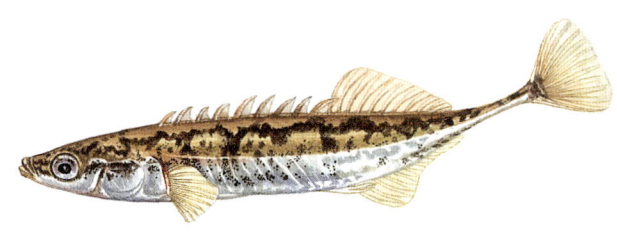

몸길이가 9cm다. 몸은 작고 납작하다.
몸 색깔이 옅은 밤색인데 배는 노랗다.
몸통에 얼룩덜룩한 밤색 무늬가 있다. 머리도
크고 눈도 크다. 꼬리자루는 아주 잘록하다.

2007년 2월 강원 강릉 연곡천

몸에 가시가 있어서 '가시고기'라고 한다. 등에 짧지만 뾰족한 가시가 아홉 개쯤 줄줄이 나 있다. 가시는 아주 얇은 막으로 서로 이어져 있다. 배에도 뒷지느러미 앞에 가시가 하나 있다.

가시고기는 냇물이나 강에 사는데 맑은 물이 흐르는 곳에서만 산다. 한 곳에 가만히 머물러 있을 때는 쉬지 않고 가슴지느러미를 앞뒤로 휘젓는다. 헤엄칠 때는 앞으로 가다가 갑자기 멈춰 섰다가 또다시 앞으로 나아간다. 톡톡거리면서 물속을 헤엄쳐 다닌다. 물풀이 수북이 난 곳에서 물벌레나 실지렁이, 새우나 작은 물고기를 잡아먹는다.

가시고기는 알을 4~6월에 낳는다. 이때가 되면 수컷은 몸이 검푸르게 바뀐다. 몸통에 난 무늬도 짙어지고 등지느러미에 검고 작은 점이 생긴다. 수컷은 갈대 뿌리나 물풀 줄기에 물풀이나 자잘한 검불 따위를 모아서 동그랗게 둥지를 짓는다. 암컷을 둥지로 데려와서 알을 낳게 한 뒤에 둥지를 틀어막는다. 암컷은 알을 낳고 곧 죽지만 수컷은 새끼가 깨어날 때까지 알을 돌본다. 알에 새 물이 닿아서 새끼가 잘 깨어나도록 가슴지느러미로 부채질을 한다.

가시고기는 동해로 흘러드는 냇물이나 강에 산다. 요즘에는 물이 더러워져서 눈에 띄게 수가 줄어들고 있다. 나라에서 보호하고 있는 물고기다.

알 낳을 둥지를 짓는 가시고기

다른 이름 까시고기, 칼치, 까치고기, 침고기
북녘 이름 가시고기, 달기사리
사는 곳 냇물, 강
먹이 물벌레, 작은 물고기, 실지렁이
알 낳는 때 4~6월
분포 우리나라, 중국, 일본, 러시아

드렁허리 *Monopterus albus*

몸길이가 30~60cm다. 몸이 가늘고 길다. 등은 짙은 누런 밤색이고 배는 샛노랗다. 온몸에 점이 많다. 주둥이는 뾰족하고 눈은 아주 작다. 입이 크고 입술이 두툼하다. 입속에 작고 날카로운 이빨이 있다. 지느러미가 없다.

2005년 9월 경기 김포 하성면 논도랑

논두렁에 구멍을 뚫어서 허문다고 '드렁허리'라고 한다. 언뜻 보면 뱀처럼 생겼다. 사람들이 보고 뱀인 줄 알고 깜짝깜짝 놀란다. 몸이 가늘고 길쭉하다. 지느러미도 없고, 몸에 비늘이 없어서 살갗이 미끌미끌하다.

드렁허리는 논이나 논도랑, 늪, 저수지, 냇물에서 산다. 진흙을 파고 다니면서 지렁이를 잘 잡아먹는다. 올챙이나 물벌레, 개구리도 잡아먹는다. 봄에 쟁기로 논을 갈 때 많이 나온다. 모내기할 때 논두렁을 타넘어 옆 논으로 도망가기도 한다. 물고기지만 물 밖에 나와서 잘 기어 다닌다.

드렁허리는 입으로도 숨을 쉬고 살갗으로도 숨을 쉰다. 기다란 몸을 꼿꼿이 세우고 물 밖에 입을 조금 내놓고 공기를 한껏 마시면 턱 밑이 잔뜩 부풀어 오른다. 여름에 날이 가물어 물이 마르면 진흙을 파고 들어가서 지내기도 한다.

알은 6~7월에 낳는다. 진흙을 파고 그 속에 알을 낳는다. 수컷이 남아서 알을 지킨다. 어릴 때는 모두 암컷이다가 그 가운데 몇 마리는 자라면서 수컷이 된다. 30cm 넘게 자라면 성이 바뀐다. 암컷은 40cm까지 자라고 수컷은 45cm도 넘게 자란다.

농부들은 논에서 드렁허리를 보면 잡아서 멀리 던져 버린다. 드렁허리가 논둑에 구멍을 내면 논물이 새서 손봐야 하기 때문이다. 옛날 사람들은 드렁허리를 약으로 쓰기도 했다. 중국에서는 요리를 해서 먹는다.

다른 이름 드렝이, 드래, 땅바라지, 땅패기, 우리
북녘 이름 두렁허리
사는 곳 논, 늪, 저수지, 연못, 둠벙, 냇물
먹이 지렁이, 작은 물고기, 물벌레, 개구리, 올챙이
알 낳는 때 6~7월
분포 우리나라, 중국, 일본, 베트남

둑중개 *Cottus koreanus*

몸길이는 10~15cm다. 몸이 방망이처럼 뭉툭하게 생겼는데 꼬리자루로 갈수록 잘록하다. 머리가 크고 납작하다. 눈은 볼록 튀어나왔다. 입이 크고 입술이 두툼하다. 등지느러미는 두 개다.

2007년 3월 경기 양평 흑천

둑중개는 맑고 차가운 물이 흐르는 산골짜기나 냇물에서 산다. 물이 콸콸 흐르고 잔돌이 깔린 곳을 좋아한다. 무리 지어 살지 않고 혼자서 산다. 몸이 거무죽죽하고 돌 색깔이랑 비슷해서 돌 밑에 숨으면 감쪽같다. 하루살이 애벌레나 날도래 애벌레 같은 물벌레를 잘 잡아먹는다. 물고기도 잡아먹는다.

둑중개는 3~4월에 알을 낳는다. 돌에다 알을 붙이는데, 수컷이 여울에서 미리 알자리를 고른다. 돌은 겉이 반반하고, 바닥에서 조금 떠서 틈 속이 널찍한 것을 고른다. 돌 밑에서 자리를 지키다가 다른 수컷이 오면 입을 한껏 벌리고 쫓아가서 물어뜯는다. 암컷이 오면 돌 밑으로 데려가서 알을 낳는다. 암컷과 수컷이 거꾸로 매달려 돌에 알을 두툼하게 붙인다. 암컷은 떠나고 수컷이 혼자서 새끼가 깨어날 때까지 알을 돌본다.

둑중개는 경기도와 강원도 산골짜기에 산다. 아주 드물어서 보기는 어렵다. 예전에는 전라도에 있는 금강, 섬진강, 만경강 상류에도 살았는데 요즘에는 거의 사라졌다. 나라에서는 법으로 보호하고 있다.

다른 이름 뚝거리, 뚝바우, 참뚜거리, 산골뚜구리
북녘 이름 뚝중개, 강횟대, 뚝중이
사는 곳 산골짜기, 냇물
먹이 물벌레, 물고기
알 낳는 때 3~4월
분포 우리나라, 중국, 러시아

꺽정이 *Trachidermus fasciatus*

몸길이가 10~17cm다. 온몸이 잿빛이고
비늘이 없다. 머리가 크고 납작한데
울퉁불퉁하다. 몸통에 검은 띠무늬가 3~4개
있다. 눈두덩에 검은 줄이 두 개 있다.
등지느러미가 두 개다.

2004년 9월 경기 파주어촌계

꺽정이는 강이나 강어귀에서 산다. 바다와 이웃한 냇물에도 살고, 뭍에서 가까운 바다를 오르내리기도 한다. 돌이 많고 모래가 깔린 곳을 좋아한다. 낮에는 돌 밑에 숨어 있고 밤에 나와서 돌아다닌다. 바닥에 납작 엎드렸다가 먹잇감이 지나가면 날쌔게 덮쳐서 잡아먹는다. 먹성이 좋아서 아무거나 잘 먹는다. 게나 새우나 작은 물고기를 닥치는 대로 잡아먹는다.

꺽정이는 날이 추워지는 10~11월에 강어귀로 내려가서 겨울을 난다. 이듬해 2~4월 사이에 알을 낳는다. 알은 물가 갯벌에 있는 조개껍데기나 굴 껍질 안쪽에 붙인다. 암컷은 알을 낳고 죽는다. 수컷은 알을 지키고 새끼가 조금 자랄 때까지 돌보다가 천천히 죽는다. 새끼는 4~5월이 되면 강으로 올라가기 시작하는데 여름까지 강과 강어귀를 오가면서 자란다. 두 해쯤 지나면 다 자라서 알을 낳을 수 있다.

충남 보령에서는 꺽정이를 '쐐기'라고 한다. 아가미와 지느러미에 가시가 있어서 잘못 만지면 찔린다. 성질이 나면 지느러미를 꼿꼿이 세우고 입을 한껏 벌린다. 옛날에는 맛이 좋아서 잡기도 했다. 요즘에는 강어귀에 둑을 많이 쌓아 강과 바다가 막히면서 꺽정이 수가 점점 줄어들고 있다.

다른 이름 꺽쟁이, 꺽중이, 쐐기
북녘 이름 거슬횟대어
사는 곳 냇물, 강, 강어귀
먹이 물고기, 새우, 게, 물벌레
알 낳는 때 2~4월
분포 우리나라, 중국, 일본

쏘가리 *Siniperca scherzeri*

몸길이는 20~50cm다. 큰 것은 60cm까지
자라기도 한다. 몸이 납작하다. 머리가 크고
입도 크다. 가슴지느러미만 빼고 다른
지느러미에 검은 점이 있다.

2004년 9월 경기 연천 임진강

쏘가리는 등지느러미와 아가미에 뾰족한 가시가 있다. 가시로 쏜다고 이름이 '쏘가리'다. 가시에 쏘이면 퉁퉁 붓고 아리다. 표범처럼 온몸에 얼룩덜룩한 검은 무늬가 있다. 몸집이 크고 사납게 생겼다.

쏘가리는 바위가 많은 큰 강에서 사는데 커다란 댐이나 냇물에도 산다. 낮에는 잘 안 돌아다니고 깜깜한 밤에 나온다. 물고기와 새우를 잘 잡아먹고 물벌레도 먹는다. 바위 밑이나 큰 돌 틈에 숨어 있다가 먹잇감이 지나가면 쏜살같이 뛰쳐나와서 잡아먹는다. 입을 벌리면 벌릴수록 쭉 늘어난다. 뾰족한 이빨이 안쪽으로 휘어져 있어서 먹이를 한 번 물면 놓치는 법이 없다.

쏘가리는 혼자 산다. 제가 사는 곳에 다른 쏘가리가 들어오면 달려들어서 쫓아낸다. 쏘가리끼리 먹잇감이 많은 곳을 두고 싸우기도 한다. 누치나 잉어처럼 덩치가 큰 물고기가 와도 아랑곳하지 않고 덤빈다. 등지느러미에 난 가시를 빳빳이 세우고 사납게 달려들어서 쫓아낸다. 알은 5~7월 사이에 낳는다. 밤에 떼로 모여서 자갈이 깔려 있는 바닥에 낳는다. 새끼들은 먹이가 모자라면 서로 물거나 잡아먹기도 한다.

쏘가리는 맛있어서 사람들이 많이 잡는다. 어부들은 강에서 그물로 잡고 낚시꾼들은 낚시로 낚는다. 요즘에는 강에 댐을 쌓아서 물이 더러워져 쏘가리가 점점 줄어들고 있다. 한강에 사는 황쏘가리는 나라에서 천연기념물로 정해서 보호하고 있다.

다른 이름 참쏘가리, 강쏘가리, 쇠가리, 흑쏘가리
사는 곳 강, 냇물, 저수지, 댐
먹이 물고기, 새우, 물벌레
알 낳는 때 5~7월
분포 우리나라, 중국

꺽지 *Coreoperca herzi*

몸길이가 15~20cm다. 큰 놈은 25cm 넘게
자라기도 한다. 몸은 푸른빛이 도는 밤색이다.
온몸에 하얀 점이 있다. 몸이 납작하고 머리가
크고 주둥이는 뾰족하다.
입속에 뾰족한 이빨이 있다.

2004년 6월 강원 양양 송천 산골짜기

꺽지는 쏘가리와 닮았다. 돌이 있는 곳에 산다고 '돌쏘가리'라고도 한다. 쏘가리보다 몸집이 작고 몸통이 뭉툭하다. 아가미 옆에 새끼손톱만 한 파란 점이 있다. 눈가에 밤색 줄무늬가 여러 개 있다. 아가미와 등지느러미와 뒷지느러미에 억센 가시가 있다.

꺽지는 바위가 많은 산골짜기에서 산다. 물이 맑고 돌이 깔린 냇물에서도 볼 수 있다. 폭포 아래 깊은 소를 좋아한다. 큰 바위 밑에 꼼짝 않고 숨어 있다가 물고기가 지나가면 낚아챈다. 물고기 뒤를 쏜살같이 쫓아가서 잡아먹기도 한다. 날도래 애벌레 같은 물벌레부터 작은 새우, 물고기까지 이것저것 안 가리고 잘 먹는다. 죽은 것은 안 먹고 살아 있는 먹이만 잡아먹는다. 낮에도 나와서 돌아다니지만 밤에 더 잘 돌아다닌다.

꺽지는 5~6월에 알을 낳는다. 수컷이 주둥이로 돌 밑을 깨끗이 청소해서 알자리를 만든다. 암컷이 다가와 몸을 거꾸로 한 채, 돌에다가 알을 대롱대롱 달아 놓는다. 누런 알을 하나하나 빼곡하게 붙인다. 수컷은 혼자 남아서 알을 돌본다. 알자리에서 지느러미를 부채질하듯이 쉬지 않고 흔든다. 알에 새 물이 닿으면 새끼가 잘 깨어나기 때문이다. 알자리에 다른 물고기가 가까이 다가오면 사납게 쫓아낸다.

꺽지를 잡아서 만질 때는 등지느러미에 있는 뾰족한 가시에 찔리지 않게 조심해야 한다. 손으로 잡으면 '꾸륵깨락' 하는 소리를 내기도 한다.

다른 이름 돌쏘가리, 꺽저구, 꺽쟁이, 꺽쇠
북녘 이름 꺽지, 꺽제기
사는 곳 산골짜기, 냇물
먹이 물고기, 날도래 애벌레, 작은 새우, 물벌레
알 낳는 때 5~6월
분포 우리나라

블루길 *Lepomis macrochirus*

몸길이는 15~25cm다. 몸이 납작하다.
등이 짙은 푸른색이고 배는 노랗다. 몸통에
밤색 띠가 8~9줄 세로로 나 있는데 자라면서
점점 사라진다. 입이 크고 이빨이 있다.
등지느러미에 가시가 열 개쯤 있다.

2006년 5월 광주 광산구 오운천

블루길은 영어 이름인데 '파란 아가미'라는 뜻이다. 아가미덮개 끝에 크고 파란 점이 하나 있다. 우리나라 말로는 '파랑볼우럭'이라고 한다.

　블루길은 댐이나 커다란 저수지에서 산다. 냇물이나 강에도 사는데 물살이 느리고 물풀이 수북한 곳에서 산다. 물벌레나 새우, 징거미새우, 물풀을 먹는다. 여름에는 다른 물고기 알이나 새끼를 잡아먹는다. 겨울이 되면 물풀 더미 틈새에서 수십 마리가 함께 숨어 지낸다.

　알은 4~6월에 낳는다. 수컷은 온몸이 노래지거나 주황색으로 바뀌고, 세로 띠가 푸르게 바뀐다. 무릎쯤 오는 얕은 물에 수십 마리가 모여든다. 수컷은 자갈이나 모랫바닥에 둥지를 만들고 암컷을 데려와서 알을 낳는다. 수컷은 둥지 둘레를 헤엄쳐 다니면서 알을 지킨다. 새끼가 다 깨어나도 얼마 동안은 안 떠나고 새끼들을 돌본다.

　블루길은 북아메리카 동부 지방에서 살던 물고기다. 우리나라에는 길러서 먹으려고 1969년에 들어왔다. 한강에 있는 팔당댐 근처에 처음 풀어 놨는데 온 나라에 퍼졌다. 우리나라 토박이 물고기들이 블루길 등쌀에 밀려 점점 살 곳을 잃고 있다. 요즘에는 일부러 잡아서 없애고 있다.

다른 이름 파랑볼우럭, 월남붕어
사는 곳 강, 저수지, 댐, 연못
먹이 징거미, 물벌레, 새우, 물고기 알, 작은 물고기
알 낳는 때 4~6월
분포 세계 여러 나라

배스 *Micropterus salmoides*

몸길이는 25~50cm다. 큰 것은 60cm까지 크기도 한다. 머리가 크고 입도 크다. 등은 짙은 푸른색이고 배는 노르스름하다. 몸통에 푸른 밤색 줄이 굵게 나 있다. 앞쪽 등지느러미의 살 끝은 가시로 되어 있다.

2006년 9월 충남 부여 금강

배스는 물이 고여 있는 저수지나 댐에서 산다. 물이 천천히 흐르는 깊은 강에도 많이 산다. 큰 돌이나 가라앉은 나뭇가지들, 물풀 사이에 잘 숨는다.

배스는 몸집이 아주 크다. 먹성이 사나워서 무엇이든 닥치는 대로 잡아먹는다. 물벌레나 새우, 물고기, 거머리, 지렁이, 개구리를 잡아먹고 물가에 나온 들쥐를 잡아먹기도 한다. 다른 물고기가 낳은 알도 주워 먹는다.

배스는 5~6월 사이에 알을 낳는다. 수컷은 물풀이 있는 바닥을 깨끗이 치우고 둥지를 만든다. 암컷을 데려와서 둥지 안에 알을 낳는다. 수컷은 둥지 곁에서 알이 깨어날 때까지 돌본다. 새끼가 다 깨어나도 알자리를 안 떠나고 조금 자랄 때까지 돌본다.

배스는 본디 미국 남동부에 사는 물고기인데 지금은 세계 곳곳에 널리 퍼져 있다. 우리나라에는 1973년에 들여왔다. 길러서 먹으려고 강에 풀어 놓았는데 온 나라에 퍼졌다. 우리나라 토박이 물고기를 닥치는 대로 잡아먹어서, 요즘에는 배스를 일부러 잡아서 없애고 있다.

다른 이름 큰입우럭, 큰입배스
사는 곳 강, 저수지, 댐
먹이 새우, 물고기, 물고기 알, 거머리, 개구리
알 낳는 때 5~6월
분포 세계 여러 나라

동사리
Odontobutis platycephala

몸길이가 10~13cm다. 몸이 누런 밤색인데 거무스름한 점이 온몸에 박혀 있다. 머리가 크고 납작한데 꼬리자루는 잘록하다. 입이 크고 입술이 두툼하다. 가슴지느러미는 크고 넓다. 등지느러미가 두 개다.

2004년 7월 경기 연천 동막계곡

동사리는 우락부락하게 생겼다. 몸이 거무튀튀하고, 얼룩덜룩 무늬가 있다. 돌 색깔이랑 비슷해서 돌 옆에 가만히 있으면 눈에 잘 띄지 않는다. 몸통에 굵고 짙은 세로 줄무늬가 세 개 있다.

동사리는 냇물에도 살고 저수지나 강에도 산다. 큰 바위나 돌이 깔린 곳을 좋아한다. 물풀이 수북이 난 곳에도 많다. 돌 밑에 가만히 숨어 있다가 물고기가 지나가면 재빨리 입을 벌려 덥석 삼킨다. 먹잇감에게 살살 다가가서 입을 크게 벌리고 확 삼키기도 한다. 입속에는 작고 뾰족한 이빨이 잔뜩 나 있는데, 안쪽으로 휘어져 있어서 한 번 깨물면 먹이가 빠져나가지 못한다.

동사리는 4~7월 사이에 알을 낳는다. 암컷과 수컷이 돌 밑에 거꾸로 매달려 알을 붙인다. 수컷은 다른 암컷을 불러들여 알을 더 낳는다. 알은 돌 밑에 한 겹이나 두 겹으로 두툼하게 붙인다. 수컷은 돌 밑에서 알을 돌본다. 가슴지느러미로 부채질을 해서 새끼들이 깨어나게 돕는다. 어린 새끼는 물가에 많고 큰 놈일수록 물살이 약하고 깊은 곳에서 산다.

동사리 수컷은 알을 지킬 때 '구구, 구구' 하는 소리를 내는데, 그래서 동사리를 '구구리'라고도 한다. 겨울에는 돌 틈으로 들어가서 꼼짝 않고 지낸다.

다른 이름 구구리, 뚜구리, 구구락지, 불무탱이
북녘 이름 뚝지, 개뚝중이, 껄껄이, 못뚝지
사는 곳 강, 냇물, 저수지
먹이 작은 물고기, 새우, 물벌레, 잠자리 애벌레
알 낳는 때 4~7월
분포 우리나라

얼룩동사리 *Odontobutis interrupta*

몸길이가 15~20cm다. 몸 색깔이 누런 밤색이다. 몸통에 검은 점이 큼직하게 여러 개 있다. 머리가 납작하고 눈이 작다. 입이 큰데 작은 이빨이 있다. 가슴지느러미는 크고 넓다. 등지느러미가 두 개다.

2004년 11월 경기 양평 시우천

얼록동사리는 동사리랑 닮았는데 몸통에 난 검은 띠가 끊어져 있다. 그래서 얼룩덜룩한 동사리라고 '얼록동사리'라는 이름이 붙었다. 동사리보다 머리가 납작하고 몸집이 더 크다.

얼록동사리는 늪이나 저수지에 사는데 냇물이나 강에서도 산다. 낮에는 돌 밑에 숨어 있다가 밤에 나와서 돌아다닌다. 작은 물고기나 새우, 물벌레를 잡아먹는다. 먹이를 먹으면 기분이 좋아져서 목이나 배가 까매진다.

알은 5~7월 사이에 낳는다. 이때 수컷은 몸 색깔이 더 짙어진다. 수컷은 물살이 느리고 얕은 물가에서 알 낳을 돌을 찾는다. 암컷과 수컷이 어울려 돌 밑에 알을 붙인다. 힘센 수컷은 암컷 여러 마리와 짝짓기를 한다. 수컷은 지느러미를 흔들며 알에서 새끼들이 잘 깨어나도록 돌본다.

밤에 냇물에서 불을 비추어 보면, 돌 위에 얼록동사리가 가만히 있는 것을 볼 수 있다. 이것을 족대로 뜨면 쉽게 잡을 수 있는데, 그래서 얼록동사리를 '멍텅구리'라고도 한다. 얼록동사리는 우리나라 중부 지방에 많고 남부 지방에는 드물다.

다른 이름 곰보, 곰보딱지, 멍텅구리, 바보고기
사는 곳 냇물, 강, 저수지
먹이 작은 물고기, 새우, 물벌레
알 낳는 때 5~7월
분포 우리나라

좀구굴치 *Micropercops swinhonis*

몸길이는 4~5cm다. 몸집이 작고 납작하다. 몸은 노란 밤색이다. 배가 샛노랗다. 눈이 조금 튀어나왔다. 눈 밑에 검고 굵은 줄이 있다. 입속에 이빨이 있다.

2006년 12월 충남 서천 길산천

좀구굴치는 아가미덮개에도 비늘이 붙어 있는데 금빛으로 반짝인다. 몸통에 굵고 진한 밤색 줄이 세로로 나란히 8~10개 있다. 논도랑에서 살고 저수지나 물이 느리게 흐르는 냇물에도 산다. 물풀이 수북한 곳에서 떼를 지어 헤엄친다. 바닥에 가만히 있거나 물풀에 올라앉아 있기도 한다. 깔다구 애벌레 같은 물벌레를 잡아먹고 물벼룩이나 실지렁이도 잡아먹는다.

좀구굴치는 4~5월에 알을 낳는다. 수컷은 몸이 까매진다. 첫 번째 등지느러미가 길어지고 알록달록해진다. 암컷은 뒷지느러미와 꼬리지느러미가 노랗게 바뀐다. 수컷은 알 낳을 돌을 골라 깨끗이 청소하고 돌 밑에서 지킨다. 암컷과 수컷은 돌 밑에 거꾸로 매달려 알을 하나씩 붙인다. 수컷은 알에서 새끼들이 깨어날 때까지 알자리를 지킨다. 새끼들이 잘 깨어나도록 가슴지느러미를 쉬지 않고 휘젓는다. 암컷은 알자리를 떠나고 얼마 안 지나 죽는다. 수컷은 여러 암컷과 짝짓기를 한다. 다른 암컷이 오면 먼저 알 낳은 곳 옆에 또 알을 낳는다.

좀구굴치는 1984년에 처음 찾아냈다. 전라북도 부안, 고창, 진안, 전주 만경강에만 사는 줄 알았는데, 요즘에는 충청남도와 경기도에서도 잡힌다.

다른 이름 기름치
사는 곳 저수지, 논도랑, 냇물, 강
먹이 물벼룩, 깔따구 애벌레, 실지렁이, 물벌레
알 낳는 때 4~5월
분포 우리나라, 중국

꾹저구 *Chaenogobius urotaenius*

몸길이는 10cm 안팎이다. 큰 것은 14cm쯤 된다. 몸이 누런 밤색이고 배가 노랗다. 머리가 납작하고 입이 크다. 입술이 두껍고 입속에는 작은 이빨이 있다. 등지느러미가 두 개다.

2006년 12월 경남 함안 가야읍

꾹저구는 냇물이나 강에서 산다. 강물이 바다하고 만나는 강어귀에 많다. 아주 커다란 댐에도 산다. 서해와 남해로 흐르는 냇물보다는 동해로 흐르는 냇물에 더 흔하다. 북녘에서는 머리가 크다고 '큰머리매지'라고 한다.

꾹저구는 강어귀 자갈이 깔려 있는 곳에서 산다. 물살이 센 곳을 좋아하는데 배에 빨판이 있어서 돌 위에 곧잘 올라앉는다. 빨판은 배지느러미가 서로 맞붙어서 된 것이다. 돌 위를 이리저리 넘어 다니면서 물벌레나 실지렁이, 작은 물고기를 잡아먹는다.

꾹저구는 5~7월 사이에 알을 낳는다. 수컷은 몸에 까만 점이 아주 많이 생긴다. 지느러미에도 까만 점이 생긴다. 등지느러미가 두 개인데 첫 번째 등지느러미 끝에 샛노란 점이 생긴다. 암컷과 수컷이 어울려 돌 밑에 알을 붙인다. 수컷은 새끼가 깨어날 때까지 알자리에서 알을 지킨다. 새끼는 바다로 내려갔다가 두세 달쯤 지나면 강으로 올라온다.

다른 이름 뚝저구, 뚜거리, 뚝빼리, 밀뿌구리
북녘 이름 큰머리매지, 대머리매지
사는 곳 냇물, 강, 강어귀
먹이 물벌레, 실지렁이, 작은 물고기
알 낳는 때 5~7월
분포 우리나라, 일본, 러시아

밀어 *Rhinogobius brunneus*

몸길이는 6~8cm다. 큰 것은 10cm 넘게
자라기도 한다. 몸이 누런 밤색이거나 잿빛
밤색이다. 몸통에는 검은 밤색 무늬가
얼룩덜룩 있다. 두 뺨이 볼록 솟아 있다.
등지느러미가 두 개다.

2004년 경기 양평 문호천

밀어는 우리나라 어디에나 흔하다. 냇가나 논도랑, 저수지에도 살고, 강이나 강어귀에도 있다. 다 자라도 손가락만 한데, 떼를 지어 다닌다. 조그만 밀어가 떼를 지어 헤엄치는 게 꼭 밀 이삭에 밀이 빽빽하게 붙은 것처럼 보인다고 이름이 '밀어'다.

밀어는 돌 밑에 잘 숨는다. 돌 위에 가만히 있다가 재빨리 다른 돌 위로 옮겨 가기도 한다. 배에 동그란 빨판이 있어서 돌 위나 물풀에 찰싹 잘 붙는다. 돌말도 먹고 물벼룩이나 작은 물벌레도 잡아먹는다.

밀어는 5~7월에 알을 낳는다. 수컷은 알 낳을 돌 밑에 들어가서 머리만 내놓고 지킨다. 돌 밑을 파헤치고 잔돌을 입으로 물어다 버리면서 알자리를 넓게 만든다. 암컷과 수컷이 돌 밑에 거꾸로 매달려 알을 붙인다. 암컷은 알을 낳은 뒤에 떠나고 수컷은 남아서 알을 돌본다. 새끼는 강어귀에 내려가서 겨울을 난다. 봄이 되면 새끼들은 떼를 지어 강줄기를 타고 냇물까지 오르기도 한다.

밀어는 콧잔등에 'ㅅ' 자 꼴로 생긴 빨간 줄무늬가 있다. 밀어의 학명은 '색이 다양하다.'는 뜻이다. 물고기마다 몸 색깔이 서로 조금씩 다르다. 또 사는 곳에 따라서 몸 색깔이 달라지기도 한다.

다른 이름 까불이, 돌날나리, 하늘고기, 돌꾸리
북녘 이름 퉁거니, 가마쟁이, 갈퉁이, 얼문
사는 곳 냇물, 저수지, 논도랑, 강
먹이 돌말, 물벼룩, 작은 물벌레
알 낳는 때 5~7월
분포 우리나라, 중국, 일본, 대만

민물두줄망둑 *Tridentiger bifasciatus*

몸길이는 8cm다. 몸이 연한 밤색이다.
몸이 짧고 뭉툭하다. 머리는 납작하고
주둥이는 끝이 둥글다. 아가미덮개와 턱 밑에
작고 검은 점이 많다. 등지느러미가 두 개다.

2005년 6월 경기 파주출판도시 늪

몸에 줄이 두 줄 있다고 '민물두줄망둑'이라고 한다. 등하고 옆구리에 까맣고 굵은 줄이 한 줄씩 나 있다. 줄은 진해지기도 하고 흐릿해지기도 한다. 기분이 아주 좋거나 무엇에 놀라면 줄 색깔이 짙어진다.

민물두줄망둑은 바다와 잇닿아 있는 강어귀에서 산다. 강이나 냇물에도 살고 갯벌에도 산다. 바닥에 진흙이랑 돌이 깔린 곳을 좋아한다. 새우나 작은 게, 따개비, 갯지렁이, 물벌레, 작은 물고기를 먹는다. 썰물로 바닷물이 빠져서 생긴 작은 웅덩이에서도 흔히 볼 수 있다.

알은 4~8월에 낳는다. 수컷은 주둥이와 아가미덮개가 커지고 불룩해진다. 몸도 까매진다. 돌 밑이나 죽은 조개 껍데기나 굴 껍데기에 알을 낳는데 수컷은 알자리를 미리 찾아서 지킨다. 다른 수컷이 다가오면 텃세를 부리면서 쫓아낸다. 암컷이 다가오면 꼬여서 알자리로 데려온다. 암컷은 알을 한 개씩 돌 밑이나 조개껍데기에 붙인다. 수컷은 새끼가 깨어날 때까지 알자리에 남아 알을 돌본다. 다른 물고기가 다가오면 입을 벌리고 사납게 쫓아낸다. 가슴지느러미와 꼬리지느러미를 흔들어 새끼들이 잘 깨어나게 돕는다.

다른 이름 돌망둑, 돌망둥어, 민물덤벙구
북녘 이름 줄무늬매지
사는 곳 강어귀, 강, 냇물, 갯벌
먹이 새우, 갯지렁이, 작은 게, 새끼 물고기
알 낳는 때 4~8월
분포 우리나라, 중국, 일본

민물검정망둑 *Tridentiger brevispinis*

몸길이는 10cm다. 머리가 납작하고 뺨이 불룩하다. 몸 색깔은 거무스름한 자주색이다. 몸통과 머리에 자잘한 파란색 점이 퍼져 있다. 가슴지느러미에 굵은 주황색 줄무늬가 있다. 등지느러미가 두 개다.

2005년 9월 경기 강화 장흥저수지

몸이 검다고 '민물검정망둑'이라고 한다. 몸이 거무스름한 자주색이다. 돌이 깔린 곳에 사는 것들은 자줏빛이 훨씬 진하다. 기분에 따라서 색깔이 진해지기도 하고 연해지기도 한다. 몸통과 뺨에 자잘하고 파란 점이 고르게 퍼져 있다. 배에는 배지느러미가 붙어서 생긴 동그란 빨판이 있다.

민물검정망둑은 강이나 냇물에서 살고 저수지에서도 산다. 진흙이 깔린 곳에서도 살지만 자갈이나 돌이 깔린 곳에 더 많다. 빨판이 있어서 돌 같은 곳에 잘 붙어 있다. 돌 위에 앉았다가 천천히 다른 돌 위로 헤엄쳐 간다. 작은 물고기나 물벌레, 게나 새우를 잡아먹는다. 돌에 붙어서 사는 돌말을 갉아 먹기도 한다.

알은 5~7월에 낳는다. 이때 수컷은 첫 번째 등지느러미가 길어진다. 수컷은 돌 틈 사이를 돌아다니면서 알자리를 미리 봐 둔다. 수컷은 암컷이 다가오면 지느러미를 펴고 춤을 추듯이 몸을 옆으로 흔든다. 그리고 머리를 흔들어서 소리를 내 암컷을 꾄다. 암컷은 돌 밑에 거꾸로 매달려 알을 붙인다. 암컷은 알을 낳고 죽지만 수컷은 알자리에 남아서 새끼가 깨어날 때까지 돌본다. 다른 물고기가 다가오면 뛰쳐나가서 사납게 쫓아낸다.

다른 이름 검정꾸부리, 먹뚜구리, 배꼽뚜구리, 깨망둑
북녘 이름 매지, 뚝지, 졸망둥어
사는 곳 강, 냇물, 저수지
먹이 작은 물고기, 물벌레, 돌말
알 낳는 때 5~7월
분포 우리나라, 일본

버들붕어 *Macropodus ocellatus*

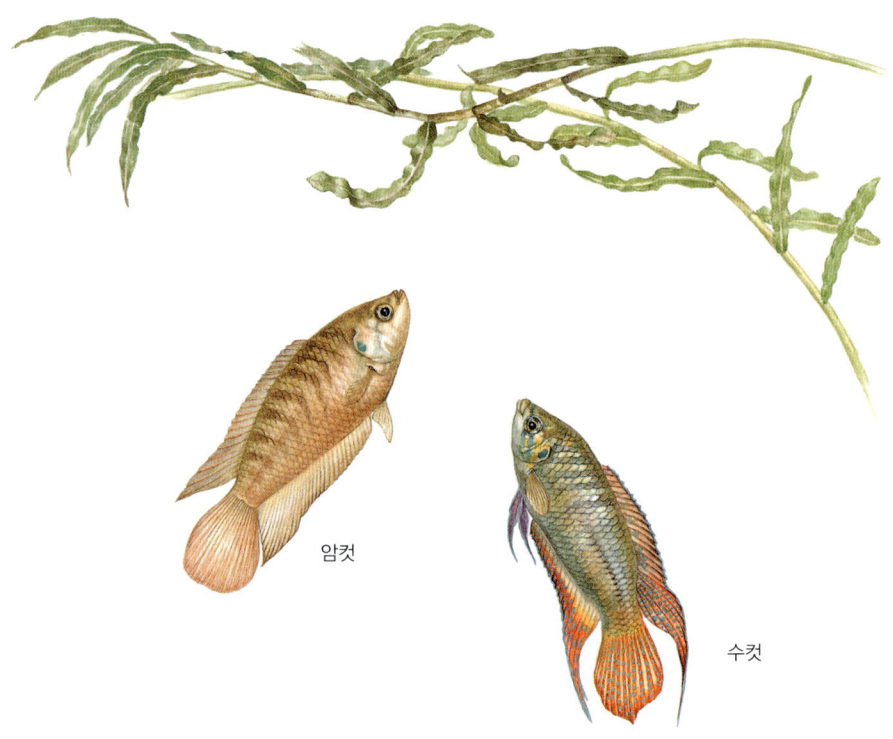

암컷

수컷

몸길이는 7cm쯤 된다. 등은 푸르스름하고
배는 옅다. 몸통에 굵고 짙은 밤색 세로
줄무늬가 있다. 눈가에 굵은 줄이 여러 갈래로
뻗어 있다. 등지느러미와 뒷지느러미가 길다.
2007년 4월 경기 김포 양촌리 논도랑

버들잎처럼 납작하다고 '버들붕어'라고 한다. 몸통이 둥글고 납작하다. 몸이 누런 밤색이다. 아가미덮개에는 밥알만 한 푸른 반점이 조그맣게 있다. 기분에 따라 몸 색깔이 잘 바뀐다. 북녘에서는 '꽃붕어'라고 한다.

버들붕어는 논 귀퉁이에 있는 도랑에 산다. 연못이나 저수지처럼 물이 고여 있는 곳에서도 산다. 물살이 느리고 물풀이 수북한 곳을 좋아한다. 여러 마리가 떼를 지어 헤엄쳐 다닌다. 물벼룩이나 실지렁이, 물벌레를 잡아먹는다. 가끔 주둥이를 물 밖으로 내놓고 공기를 마시면서 숨을 쉰다.

버들붕어는 6~7월 사이에 알을 낳는다. 수컷은 등지느러미와 뒷지느러미가 커지고 길어진다. 지느러미가 빨개지고 군데군데 파란 점이 생긴다. 수컷은 성질이 사나워지는데 암컷을 차지하려고 싸우기도 한다. 수컷은 수면 가까이 맴돌면서 입으로 끈적끈적한 거품을 뱉어 내서 물 위에 띄운다. 이것을 '거품집'이라고 한다. 수컷이 암컷 몸을 동그랗게 말아서 뒤집으면 암컷 배가 거품집 쪽을 본다. 암컷이 거품집 속에 알을 낳는다. 수컷은 정액을 뿌려 수정시키고 거품집 둘레에서 알을 보살핀다.

예전에는 논도랑에 버들붕어가 아주 흔했지만 요즘에는 논에 농약을 치면서 보기 힘들어졌다. 사람들은 버들붕어를 두고 보려고 집에서 기르기도 한다.

다른 이름 줄붕어, 기생붕어, 비단붕어, 보리붕어
북녘 이름 꽃붕어
사는 곳 저수지, 논도랑, 연못, 냇물
먹이 물벼룩, 실지렁이, 물벌레
알 낳는 때 6~7월
분포 우리나라, 중국, 일본

가물치 *Channa argus*

몸길이는 30~80cm다. 큰 것은 1m가 넘게 자라기도 한다. 몸이 길쭉하면서 통통하다. 머리가 크고 납작하다. 입도 크며 뾰족한 이빨이 있다. 등지느러미와 뒷지느러미가 길다.

2006년 5월 경기 파주어촌계

가물치는 몸집이 아주 크다. 큰 놈은 어른 팔뚝만 하다. 온몸이 풀색인데 크고 검은 점이 얼룩덜룩하게 나 있다. 물풀 사이에 숨어 있으면 알아보기 어렵다. 몸이 새까맣다고 전라도에서는 '까마치'라고도 한다.

가물치는 저수지나 늪에 흔하지만 냇물이나 강에도 산다. 물풀이 우거지고 바닥에 진흙이 깔린 곳을 좋아한다. 흐르는 물보다 고여 있는 물에서 잘 산다. 먹성이 좋아서 이것저것 안 가리고 잘 먹는다. 물벌레부터 개구리까지 닥치는 대로 잡아먹는다. 물풀 사이에 가만히 숨어 있다가 지나가는 물고기를 한입에 삼킨다. 먹이가 모자라면 큰 가물치가 작은 가물치를 잡아먹기도 한다.

알은 5~8월에 낳는다. 암컷과 수컷이 물풀을 모아서 둥그렇게 둥지를 만든다. 둥지는 어른 팔로 한 아름쯤 되는데 물 위에 떠 있다. 날씨가 맑고 물살이 잔잔한 날에 둥지 속에 알을 낳는다. 알을 낳은 뒤에 둥지 아래서 암컷과 수컷이 함께 지킨다.

가물치는 물 밖에서도 숨을 쉴 수 있다. 비가 많이 오면 물 밖에 나와서 진흙 바닥을 기어 다니기도 한다. 여름에 날이 가물어 물이 마르면 진흙을 파고 들어가서 지낸다. 가물치는 약으로 쓰려고 일부러 기르기도 한다. 옛날부터 아기를 낳은 사람이나 몸이 약한 사람에게 고아 먹였다.

다른 이름 까마치, 가무치, 감시, 먹가마치, 메물치
사는 곳 늪, 저수지, 연못, 냇물, 강, 논도랑
먹이 미꾸라지, 개구리, 지렁이, 물고기, 물벌레
알 낳는 때 5~8월
분포 우리나라, 중국, 일본

덧붙이기
민물고기 잡기
보호해야 할 민물고기
민물고기 기르기

우리 이름 찾아보기
학명 찾아보기
참고한 책

민물고기 잡기

　산골짜기나 작은 도랑, 냇물에 가면 물고기를 잡을 수 있다. 큰 강이나 저수지에도 민물고기가 살지만 너무 깊어서 위험하다. 물에 들어갈 때는 어른이랑 함께 가고, 물살이 세지 않은지, 미끄러운 곳은 없는지 잘 살펴야 한다. 또 곳곳에 깨진 유리병 조각이나 철사, 날카로운 나뭇가지들이 있을지도 모르니까 꼭 밑창이 두꺼운 신발을 신고 들어가야 한다.
　민물고기를 가장 쉽게 잡을 수 있는 곳은 논도랑이나 얕은 개울이다. 논도랑에는 송사리, 미꾸리, 버들붕어, 왜몰개, 버들매치, 붕어가 산다. 장화를 신고 논도랑에 들어가 뜰채나 작은 그물로 물고기를 떠서 잡는다. 논도랑에 사는 물고기는 잘 안 죽어서 기르기도 쉽다.
　냇물에서는 반두나 족대, 어항을 써서 물고기를 잡는다. 냇물에 사는 물고기들

민물고기를 잡을 때 쓰는 도구

투망

플라스틱 어항

새우망

은 돌 밑이나 물풀 사이에 잘 숨는데, 이런 물고기들은 족대를 써서 잡는다. 물고기가 숨어 있을 만한 바위나 물풀을 찾아 족대로 둘레를 감싼다. 돌을 들추거나 물풀을 헤집으면 물고기들이 놀라서 족대 안으로 들어온다. 이때 잽싸게 족대를 들어올린다. 돌이나 바위 밑에는 퉁가리, 돌고기, 새코미꾸리, 동사리, 꺽지가 숨어 있고, 물풀 사이에는 납자루, 각시붕어, 붕어, 참붕어 같은 물고기가 많다.

여울에서 헤엄치는 물고기는 족대를 여울 아래쪽에 대어 놓고 여럿이서 몰아서 잡는다. 재빠르게 헤엄치는 물고기는 어항이나 새우망을 쓰면 쉽게 잡을 수 있다. 어항에다 떡밥이나 된장을 넣고 물속에 담가 두면 물고기가 냄새를 맡고 어항 속으로 몰려든다. 물고기를 잡을 때 쓰는 어항은 구멍이 좁아서 한 번 들어간 물고기는 다시 나오지 못한다. 어항은 물속에 담가 두고 한두 시간 뒤에 꺼낸다.

강이나 저수지에서는 어부들이 커다란 그물로 물고기를 잡거나 낚시꾼들이 낚시를 한다. 강에는 쏘가리, 누치, 잉어, 뱀장어, 대농갱이 같은 커다란 물고기가 많이 살고 저수지나 늪에는 잉어, 붕어, 납자루, 치리, 메기, 가물치가 많이 있다.

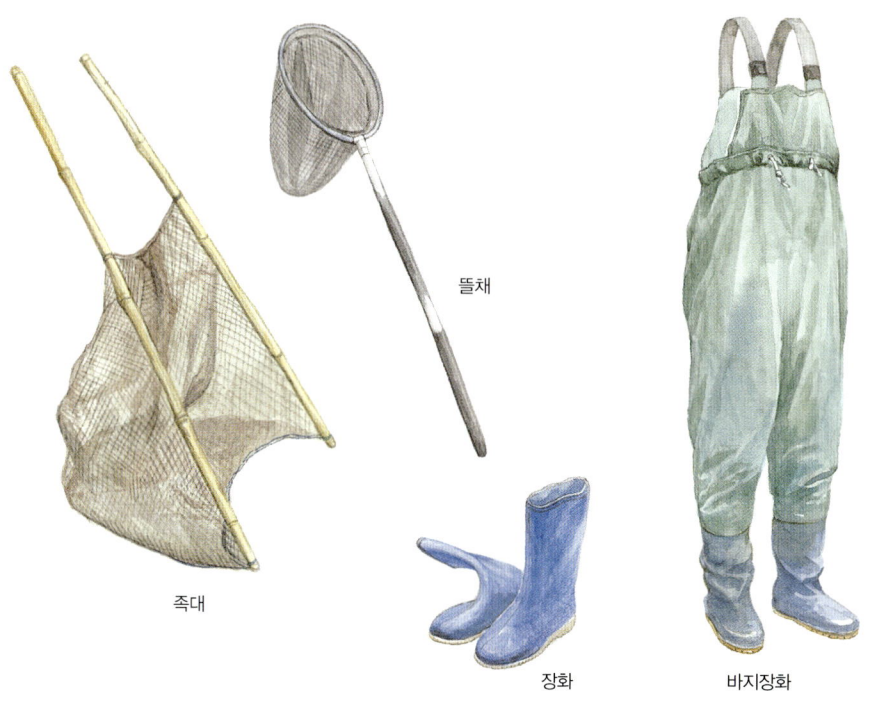

족대　　뜰채　　장화　　바지장화

늪가에 사는 사람들은 대나무로 만든 가리를 늪에 담가 두었다가 물고기가 들어가 갇히면 새벽녘에 꺼내 오기도 한다.

　냇물이나 강에서 물고기를 잡으려고 투망을 펼치면 안 된다. 투망은 법으로 쓰지 못하게 막고 있는데다가 투망을 쓰면 물고기 새끼부터 큰 것까지 모조리 잡히고 물고기에게 상처를 입히기 때문이다.

물고기 관찰

　물고기를 관찰하려면 투명한 어항에 담아서 보는 것이 가장 좋다. 물에 사는 생물이니까 물속에 있을 때 가장 자연스러운 모습을 볼 수 있다. 물 밖으로 나오면 몸 색깔도 달라지고 지느러미도 접혀서 제 모습을 보기 어렵다. 어쩔 수 없을 때는 물 밖에서 얼른 관찰하고 빨리 놓아주어야 한다.

민물고기를 관찰할 때 쓰는 도구

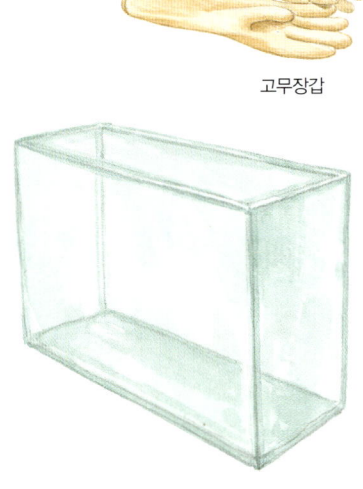

고무장갑

작은 뜰채

바가지

양동이

유리 어항 물고기를 넣어서 관찰하거나 사진을 찍을 때 쓴다.

다슬기 수경 물에 대고 물속을 들여다보면 어른거리지 않고 잘 보인다.

물고기를 놓아줄 때

　잡은 물고기는 집에서 기를 것이 아니라면 다시 놓아주어야 한다. 처음 잡은 곳이나, 살기 알맞은 곳을 찾아서 놓아준다. 물고기를 무심코 물에 휙 던져 버리면 큰 충격을 받아 다칠 수 있으니까 조심해서 놓아주어야 한다. 물고기를 만질 때는 장갑을 끼거나 흐르는 냇물에 손을 식힌 다음에 만진다. 사람 손이 물고기에게 너무 뜨겁기 때문이다.

　한 손으로 물고기 눈을 살짝 가리고 다른 손으로는 물고기 몸통을 가볍게 감싸듯이 쥔다. 물고기가 몸을 뒤틀거나 하면 다치니까 손아귀에 조금 힘을 줘서 잡아야 한다. 물고기를 냇물에 담그고 조금 기다린 뒤에 천천히 손을 편다. 조금 있으면 물고기가 손에서 빠져나와 천천히 헤엄치며 간다.

민물고기를 옮길 때 쓰는 도구

채집 병 우렁이, 물달팽이, 다슬기나 작은 물벌레를 잡아 넣어 둔다.

채집 봉투 모래나 자갈, 돌, 나무를 담을 때 쓴다.

낚시 가방 물고기를 집으로 가져올 때 쓴다.

휴대용 기포기 물속에 공기를 불어 넣어 준다.

가시가 있는 민물고기

민물고기 가운데 가시가 있는 물고기도 있다. 퉁가리, 동자개, 꺽지, 쏘가리, 꺽정이는 지느러미와 아가미덮개에 가시가 있고, 종개 무리는 머리에 작은 가시가 있다. 물고기 가시는 작고 뾰족해서 찔리면 아주 따갑고 아프다. 귀엽다고 손으로 막 만지면 가시에 찔릴 수 있으니까 조심해야 한다.

꺽정이

자가사리

쏘가리

꺽지

동자개

보호해야 할 민물고기

 모든 생물은 먹이 사슬로 이어져서 살아간다. 다른 생물을 먹기도 하고 반대로 먹이가 되기도 한다. 그래서 생물은 저 혼자만 따로 떨어져 살 수 없다. 어떤 종이 줄어들거나 사라지면 그 종과 함께 어울려 살던 다른 종도 영향을 받는다. 어떤 생물이 지구에서 완전히 사라지는 것을 멸종이라고 하는데, 멸종 생물이 많아지면 생태계의 균형이 깨진다. 그래서 세계 여러 나라들은 사라질 만한 생물을 '멸종 위기종'으로 정해 보호하고 있다. 멸종 위기종과 더불어 아직 남아 있는 다른 생물들도 보호하기 위해서다. 요즘에는 환경 오염이 심해지면서 줄어들거나 사라지는 생물이 늘고 있다. 한 번 사라진 생물은 다시 되살리지 못한다. 그런 동식물이 사라지기 전에 모두 함께 보호해야 한다.

천연기념물 | 문화재청 지정

 우리나라에서 천연기념물로 보호하는 물고기는 모두 여섯 종이다. 어떤 것은 이들이 사는 곳을 천연기념물로 정하기도 한다. 물고기가 계속 살아가게 하려면 사는 곳을 함께 보호해야 하기 때문이다.

무태장어	제주도 천지연 무태장어 서식지 27호, 기타 전국 258호
어름치	충북 옥천군 이원면에서 금강 상류까지 238호, 기타 전국 (한강) 259호
열목어	강원도 정선군 사북면 고한리 정암사 열목어 서식지 73호, 경북 봉화군 석포면 열목어 서식지 74호
황쏘가리	한강 190호
미호종개	전국(금강) 454호
꼬치동자개	전국(낙동강) 455호

멸종 위기 야생 동식물 | 환경부에서 지정

① 멸종 위기 야생 동식물 I급	감돌고기, 꼬치동자개, 미호종개, 얼룩새코미꾸리, 퉁사리, 흰수마자
② 멸종 위기 야생 동식물 II급	가는돌고기, 가시고기, 꾸구리, 다묵장어, 돌상어, 둑중개, 모래주사, 묵납자루, 임실납자루, 잔가시고기, 칠성장어, 한둑중개

민물고기 기르기

　물고기를 집에서 기르면서 들여다보면 물고기가 어떻게 살아가는지 더 자세히 알 수 있다. 헤엄은 어떻게 치는지, 어디에 숨는지, 먹이는 어떻게 먹는지 알 수 있고 혼인색을 띠는 모습과 알 낳는 모습들을 볼 수 있다. 또 새끼가 깨어나 자라는 것도 지켜볼 수 있다.

　민물고기는 구하기도 쉽고 기르는 것도 쉽다. 물고기를 파는 곳에서 사거나, 냇물이나 개울에서 잡아다가 길러도 된다. 그런데 물고기를 잡을 때는 나라에서 법으로 보호하는 물고기인지 잘 살펴야 한다. 보기 드물고 귀한 물고기를 잡으면 꼭 바로 놓아주어야 한다. 이런 물고기는 드물어서 나라에서 법으로 보호하고 있을 뿐만 아니라 기르는 것도 까다롭다. 물고기를 상처 없이 잡으려면 족대나 어항을 써서 잡는 것이 좋다. 낚시나 걸그물로 잡으면 물고기가 다치고 병에 걸려 오래 살지 못한다.

　잡은 물고기를 집으로 가지고 올 때는 물고기가 죽지 않게 조심스럽게 다루어야 한다. 냇물을 떠서 통에 담고, 휴대용 기포기를 써서 물속에 공기를 계속 불어 넣어 준다. 나중에 어항을 꾸밀 때도 물고기가 살던 곳과 비슷한 환경을 만들어 주는 것이 좋기 때문에 물풀이나 모래, 자갈 같은 것들을 필요한 만큼만 가지고 온다. 조개나 우렁이, 다슬기, 물벌레들을 잡아 오는 것도 좋은데 이런 것들은 물고기와 다른 통에 넣어서 가지고 온다. 물고기와 함께 담으면 돌이 이리저리 굴러서 물고기 몸에 생채기가 날 수 있기 때문이다. 물고기는 비늘이 빠지거나 상처가 생기면 병이 나서 쉽게 죽는다.

참종개

기르기 쉬운 물고기

모래무지

버들매치

참마자

붕어

잉어

물고기 기르는 데 필요한 도구

1. **어항** 어항은 플라스틱이나 유리로 만든 것이 있는데 크기가 여러 가지다. 물고기 마릿수에 맞게 어항을 고른다. 작은 어항에 물고기를 많이 기르면 좋지 않다. 어항은 조용하고 햇볕을 직접 받지 않는 곳에 두는 게 좋다.

2. **물고기** 물고기 파는 곳에 가면 10~20종은 쉽게 구할 수 있다. 냇물이나 논도랑에서 잡아도 좋다.

3. **물풀** 물풀은 잎이 싱싱하고 뿌리가 굵은 것이 좋다. 살아 있는 물풀을 넣어 주고 플라스틱 물풀은 쓰지 않는 게 좋다. 물풀은 물속에 있는 이산화탄소를 빨아들이고 산소를 불어 넣어 준다. 또 물속에 있는 영양분을 먹어서 물을 깨끗하게 해 준다.

4. **다른 생물** 어항을 꾸밀 때 조개나 우렁이, 다슬기, 물벌레를 함께 넣어 주면 보기에도 좋고 여러 가지 쓰임새도 있다. 조개는 물고기 똥이나 물속에 떠다니는 영양분을 먹어서 물을 깨끗하게 해 준다. 다슬기는 어항 벽에 달라붙어 사는 돌말도 먹어 치운다. 납자루 무리를 기를 때는 알을 낳을 수 있게 조개를 꼭 넣어 준다.

5. **모래와 자갈, 돌** 모래나 자갈은 물고기가 살던 곳과 비슷한 환경을 만드는 데 필요하다. 또 물고기가 쉬는 곳이 되기도 한다. 산골짜기에서 사는 물고기를 기를 때는 큰 돌을 쓰고 냇물에 사는 물고기는 모래와 잔돌을 쓴다. 저수지나 논도랑에 사는 것을 기를 때는 바닥에 진흙을 깔아 준다.

6. **먹이** 물고기를 파는 가게에서 먹이를 구한다.

7. **뜰채** 어항 속에 있는 물고기를 잡을 때는 뜰채를 쓰는 게 좋다. 물고기에게 사람 손은 뜨거워서 데일 수도 있고 물고기가 꿈틀대다가 비늘이 빠질 수도 있다. 죽은 물고기나 먹이 찌꺼기를 떠낼 때도 쓴다.

8. **여과기** 물을 깨끗하게 걸러 주는 장치다. 물속에 떠다니는 것이 많으면 물고기 아가미가 막혀서 안 좋다. 어항 크기와 물고기 수에 따라서 적당한 것을 고른다.

9. **기포기** 물고기가 숨을 쉴 수 있도록 물속에 공기를 불어 넣어 주는 장치다.

10. **온도계** 어항 속 물 온도는 일정한 것이 좋다. 물고기마다 좋아하는 물 온도가 다르니까 알아 두어야 한다.

물에서 가져온 나무(유목) 물속에서 건져 온 나무를 어항에 넣으면 보기에도 좋고 물고기가 숨을 곳이 생겨서 도움이 된다. 나무는 한 번 삶았다가 식힌 뒤에 어항에 넣는 것이 좋다. 한 번 삶아 주면 물고기에게 해로운 병균을 없앨 수 있다. 또 배어 있던 땟물도 빠지고 바닥에도 잘 가라앉는다.

물살을 만드는 기계 버들치나 쉬리 같은 물고기를 기를 때는 물살을 만들어 주는 장치를 하면 좋다.

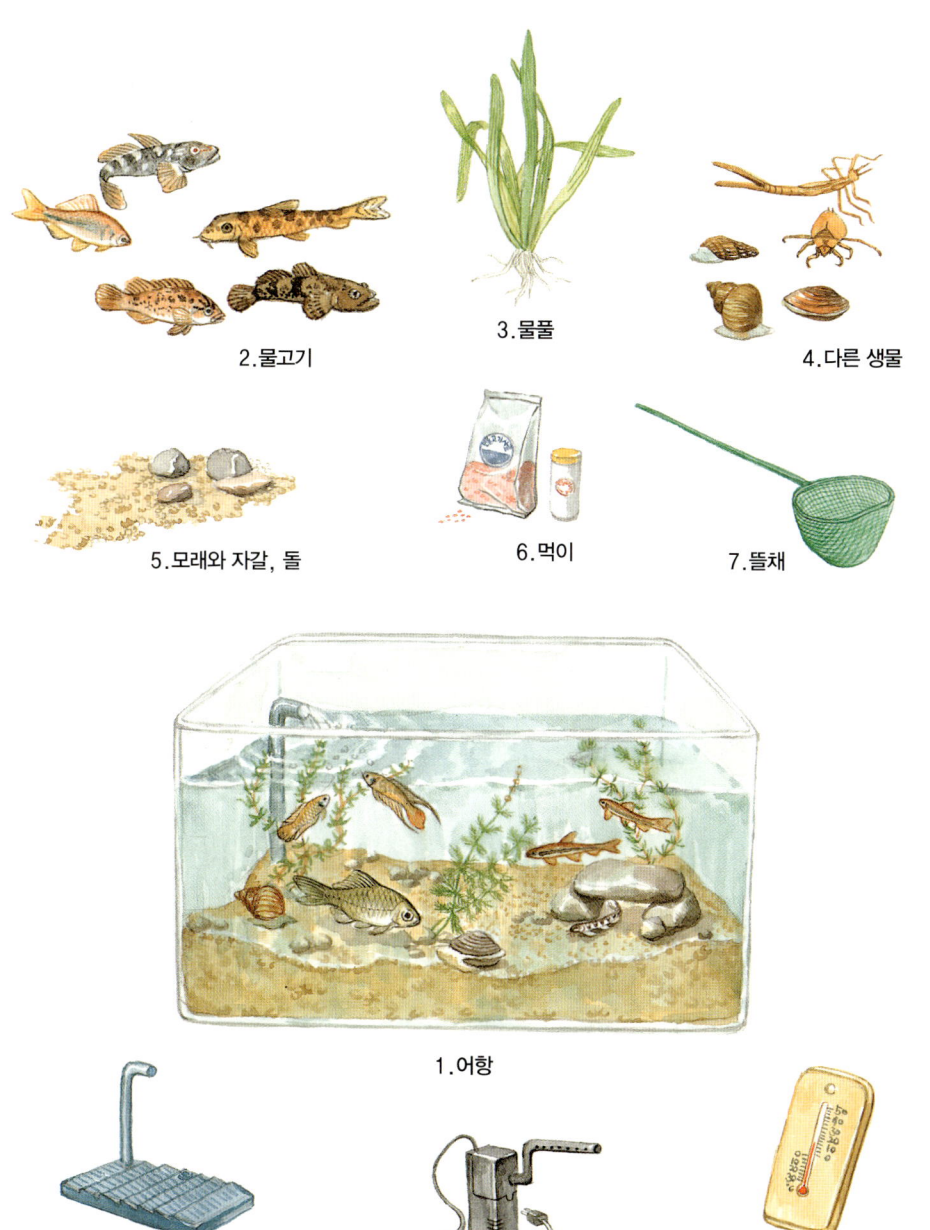

2. 물고기
3. 물풀
4. 다른 생물
5. 모래와 자갈, 돌
6. 먹이
7. 뜰채
1. 어항
8. 여과기
9. 기포기
10. 온도계

기르기

① 어항 준비

어항은 물고기가 살던 냇물하고는 환경이 다르기 때문에 어항 속에서 물고기는 긴장을 많이 한다. 어항을 꾸밀 때 물고기마다 습성을 알고 제가 살던 곳과 비슷한 환경을 만들어 주는 것이 좋다. 냇물에서 떠 온 모래를 어항 바닥에 깔고 돌이나 자갈, 물에서 건져온 나무(유목)를 넣어 준다. 물풀을 심고 조개, 우렁이, 다슬기 따위도 넣는다. 물속에 공기를 불어 넣어 주는 기포기와 물을 깨끗하게 걸러 주는 여과기를 설치한다. 냇물은 흐르면서 자연스럽게 공기가 녹아들고 더러운 것들이 걸러지지만, 어항은 그렇지 않기 때문에 일부러 장치를 해 주어야 한다.

어항에 넣을 물은 집에서 미리 준비한다. 수돗물을 바로 어항에 넣으면 소독약 때문에 물고기에게 해롭다. 대야에 수돗물을 받아 바람이 통하는 곳에 두고 이틀쯤 햇볕을 쬔다. 이렇게 하면 물속에 녹아 있던 소독약이 날아간다. 물고기를 잡을 때 떠온 냇물을 어항에 넣어서 쓰기도 하는데, 이 물은 조금만 넣는다. 냇물 속에는 작은 병균들이 있어서 몸이 약해진 물고기에게 해로울 수도 있기 때문이다. 물고기를 가게에서 살 때, 물고기와 함께 담아 온 물은 어항 물로 써도 아무런 문제가 없다.

어항에 준비한 물을 3분의 2쯤 채운다. 냇물이나 물고기를 담아 두었던 물로 어항을 채우고 10분쯤 기다린다. 어항 속 물 온도를 재서 물고기를 담아 둔 물 온도와 견주어 본다. 온도가 비슷하지 않으면 조금 더 기다린다. 물고기를 담아 둔 물 온도와 어항 속 물 온도가 너무 다르면 물고기가 놀라고, 잘못하면 죽을 수도 있다. 두 곳의 온도가 비슷해지기를 기다렸다가, 물고기를 조심스럽게 어항에 넣는다.

어항에 물고기 여러 종류를 함께 기르고 싶으면 물고기끼리 잘 지낼 수 있는지도 알아보아야 한다. 다른 물고기를 잡아먹거나 못살게 괴롭히는 물고기는 어항을 따로 마련해서 길러야 한다. 꺽지나 동자개, 동사리, 가물치, 메기 따위는 다른 물고기를 잡아먹고 사는 것들이니까 따로 기르는 것이 좋다.

② 먹이 주기

　어항 속에서 사는 물고기는 스스로 먹이를 찾을 수 없으므로 먹이를 제때 잘 챙겨 주어야 한다. 먹이는 물고기를 파는 가게에서 살 수 있다. 먹이는 물고기 입 크기보다 작아야 하고, 한 번에 많이 주지 말고 조금씩 나눠서 주는 것이 좋다. 먹이를 많이 주면 찌꺼기가 남아서 물이 더러워진다. 다른 물고기를 잡아먹는 것들은 조그만 물고기들을 잡아서 넣어 준다. 냇물에서 잡아 온 물고기는 며칠 굶겼다가 사 온 먹이를 준다. 처음에는 잘 안 먹지만 조금씩 여러 차례 주면 먹기 시작한다. 나중에는 잘 먹는다.

③ 어항 물 갈아 주기와 어항 청소

　어항에 담긴 물은 물고기 똥과 먹이 찌꺼기 때문에 쉽게 더러워진다. 물고기를 건강하게 키우려면 물을 늘 깨끗하게 해 주어야 한다. 때때로 뜰채로 물고기 똥이나 먹이 찌꺼기를 떠낸다. 한두 주에 한 번은 어항 물을 3분의 1쯤 버리고 새 물을 넣어 준다. 수돗물은 받아서 하루나 이틀 밖에 두었다가 쓴다. 새 물은 어항 속 물 온도와 맞춰서 넣어 준다. 한 해에 한두 번은 어항과 어항 속에 있는 모래나 돌, 기포기 같은 것들을 꺼내서 깨끗이 청소해 준다.

우리 이름 찾아보기

가
가는돌고기 73
가는버들붕어(북)▶긴몰개 81
가물치 210
가시고기 178
가시납저리(북)
　▶가시납지리 66
가시납지리 66
각시붕어 58
갈겨니 114
감돌고기 72
강멸치(북)▶치리 122
강준치 120
거슬횟대어(북)▶꺽정이 184
구멍이(북)▶누치 82
금강돗쟁이(북)▶감돌고기 72
금강모치 110
금강뽀돌개(북)
　▶금강모치 110
기름납저리(북)▶칼납자루 62
기름종개 141
긴몰개 81
긴수염돌상어(북)▶꾸구리 94
꺽정이 184
꺽제기(북)▶꺽지 188
꺽지 188
꼬치동자개 156
꽃붕어(북)▶버들붕어 208
꾸구리 94
꾹저구 200
끄리 118

나
나루매(북)▶빙어 168
낙동돌상어(북)▶흰수마자 98

남방돌납저리(북)
　▶각시붕어 58
남방쏠자개▶자가사리 164
납자루 60
납저리아재비(북)▶납지리 64
납주레기(북)▶납자루 60
납지리 64
농갱이(북)▶대농갱이 155
누치 82
눈달치(북)▶왜몰개 112
눈동자개 154
는메기(북)▶미유기 162

다
다묵장어 42
달기사리(북)▶가시고기 178
당미꾸리(북)▶미꾸라지 134
대농갱이 155
대륙종개 128
돌고기 70
돌마자 100
돌상어 96
돗쟁이(북)▶돌고기 70
동사리 194
동자개 152
두렁허리(북)▶드렁허리 180
두우쟁이 104
둑중개 182
드렁허리 180
떡붕어 54
뚝중개(북)▶둑중개 182
뚝지(북)▶동사리 194

마
마자(북)▶참마자 84

말종개(북)▶종개 126
망성어(북)▶흰줄납줄개 56
매지(북)▶민물검정망둑 206
메기 160
메사구(북)▶메기 160
모래마자(북)▶버들매치 90
모래무지 88
모래무치(북)▶모래무지 88
모래칠성장어(북)
　▶다묵장어 42
모치(북)▶연준모치 106
몰개 78
못고기(북)▶참붕어 68
미꾸라지 134
미꾸라지(북)▶미꾸리 132
미꾸리 132
미유기 162
미호종개 144
민물검정망둑 206
민물두줄망둑 204
밀어 202
밀자개 158

바
배가사리 102
배스 192
뱀장어 46
버들매치 90
버들붕어 208
버들붕어(북)▶몰개 78
버들치 108
부안종개 142
불지네(북)▶갈겨니 114
붕어 52
블루길 190

226　우리 이름 찾아보기

빙어 168

사
산이면수(북) ▶ 산천어 174
산천어 174
살치 124
살티(북) ▶ 살치 124
새코미꾸리 136
생새미(북) ▶ 두우쟁이 104
소꼬리(북) ▶ 밀자개 158
송사리 176
수수미꾸리 148
쉬리 74
쌀미꾸리 130
써거비(북) ▶ 중고기 76
쏘가리 186
쏠자개(북) ▶ 퉁가리 166
쒜리(북) ▶ 쉬리 74

아
압록강돌부치(북)
　▶ 돌마자 100
애기미꾸라지(북)
　▶ 쌀미꾸리 130
어룽치(북) ▶ 어름치 86
어름치 86
어리종개(북)
　▶ 꼬치동자개 156
어헤(북) ▶ 끄리 118
얼록동사리 196
연준모치 106
열목어 172
열묵어(북) ▶ 열목어 172
왕종개 140
왜매치 92

왜몰개 112
은어 170
이스라엘잉어 50
잉어 48

자
자가사리 164
자개(북) ▶ 동자개 152
점줄종개 146
좀구굴치 198
좀수수치 150
종개 126
줄납자루 63
줄납주레기(북) ▶ 줄납자루 63
줄몰개 80
줄무늬매지(북)
　▶ 민물두줄망둑 204
줄무늬하늘종개(북)
　▶ 수수미꾸리 148
줄버들붕어(북) ▶ 줄몰개 80
중고기 76
중국모치(북) ▶ 버들치 108

차
참마자 84
참붕어 68
참종개 138
철갑상어 44
치리 122

카
칼납자루 62
큰돌붙이(북) ▶ 배가사리 102
큰머리매지(북) ▶ 꾹저구 200

타
퉁가리 166
퉁거니(북) ▶ 밀어 202

파
피라미 116

하
하늘종개(북) ▶ 참종개 138
행베리(북) ▶ 피라미 116
흰무늬하늘종개(북)
　▶ 새코미꾸리 136
흰수마자 98
흰줄납줄개 56

학명 찾아보기

A

Abbottina rivularis 버들매치 90
Abbottina springeri 왜매치 92
Acheilognathus gracilis 가시납지리 66
Acheilognathus koreensis 칼납자루 62
Acheilognathus lanceolatus 납자루 60
Acheilognathus rhombeus 납지리 64
Acheilognathus yamatsutae 줄납자루 63
Acipenseriformes 철갑상어 44
Anguilla japonica 뱀장어 46
Aphyocypris chinensis 왜몰개 112

B

Barbatula nudus 대륙종개 128
Barbatula toni 종개 126
Brachymystax lenok tsinlingensis 열목어 172

C

Carassius auratus 붕어 52
Carassius cuvieri 떡붕어 54
Chaenogobius urotaenius 꾹저구 200
Channa argus 가물치 210
Cobitis choii 미호종개 144
Cobitis hankugensis 기름종개 141
Cobitis lutheri 점줄종개 146
Coreoleuciscus splendidus 쉬리 74
Coreoperca herzi 꺽지 188
Cottus koreanus 둑중개 182
Cyprinus carpio 잉어 48
Cyprinus carpio 이스라엘잉어 50

E

Erythroculter erythropterus 강준치 120

G

Gnathopogon strigatus 줄몰개 80
Gobiobotia brevibarba 돌상어 96
Gobiobotia macrocephala 꾸구리 94
Gobiobotia nakdongensis 흰수마자 98

H

Hemibarbus labeo 누치 82
Hemibarbus longirostris 참마자 84
Hemibarbus mylodon 어름치 86
Hemiculter eigenmanni 치리 122
Hemiculter leucisculus 살치 124
Hypomesus nipponensis 빙어 168

I

Iksookimia koreensis 참종개 138
Iksookimia longicorpus 왕종개 140
Iksookimia pumila 부안종개 142

K

Kichulchoia brevifasciata 좀수수치 150
Kichulchoia multifasciata 수수미꾸리 148
Koreocobitis rotundicaudata 새코미꾸리 136

L

Lampetra reissneri 다묵장어 42
Lefua costata 쌀미꾸리 130
Leiocassis nitidus 밀자개 158
Leiocassis ussuriensis 대농갱이 155
Lepomis macrochirus 블루길 190
Liobagrus andersoni 퉁가리 166
Liobagrus mediadiposalis 자가사리 164

M

Macropodus ocellatus 버들붕어 208
Micropercops swinhonis 좀구굴치 198
Microphysogobio longidorsalis 배가사리 102
Microphysogobio yaluensis 돌마자 100
Micropterus salmoides 배스 192
Misgurnus anguillicaudatus 미꾸리 132
Misgurnus mizolepis 미꾸라지 134
Monopterus albus 드렁허리 180

O

Odontobutis interrupta 얼룩동사리 196
Odontobutis platycephala 동사리 194
Onchorhynchus masou 산천어 174
Opsariichthys uncirostris amurensis 끄리 118
Oryzias latipes 송사리 176

P

Phoxinus phoxinus 연준모치 106
Plecoglossus altivelis 은어 170
Pseudobagrus brevicorpus 꼬치동자개 156
Pseudobagrus fulvidraco 동자개 152
Pseudobagrus koreanus 눈동자개 154
Pseudogobio esocinus 모래무지 88
Pseudopungtungia nigra 감돌고기 72
Pseudopungtungia tenuicorpa 가는돌고기 73
Pseudorasbora parva 참붕어 68
Pungitius sinensis 가시고기 178
Pungtungia herzi 돌고기 70

R

Rhinogobius brunneus 밀어 202
Rhodeus ocellatus 흰줄납줄개 56
Rhodeus uyekii 각시붕어 58
Rhynchocypris kumgangensis 금강모치 110
Rhynchocypris oxycephalus 버들치 108

S

Sarcocheilichthys nigripinnis morii 중고기 76
Saurogobio dabryi 두우쟁이 104
Silurus asotus 메기 160
Silurus microdorsalis 미유기 162
Siniperca scherzeri 쏘가리 186
Squalidus gracilis majimae 긴몰개 81
Squalidus japonicus coreanus 몰개 78

T

Trachidermus fasciatus 꺽정이 184

Tridentiger bifasciatus 민물두줄망둑 204
Tridentiger brevispinis 민물검정망둑 206

Z

Zacco platypus 피라미 116
Zacco temminckii 갈겨니 114

참고한 책

《강태공을 위한 낚시물고기 도감》 최윤 외, 지성사, 2000
《과학앨범 64-송사리의 생활》 웅진출판주식회사, 1989
《냇물에 뭐가 사나 볼래?》 양상용, 보리, 2002
《동물원색도감》 과학백과사전출판사, 1982, 평양
《동물은 살아있다-잉어와 메기》 토머스 A. 도지어, 한국일보타임-라이프, 1981
《동물의 세계》 정봉식, 금성청년출판사, 1981, 평양
《두만강물고기》 농업출판사, 1990, 평양
《라이프 네이처 라이브러리(한국어판 - 어류)》 한국일보타임-라이프, 1979
《몬테소리 과학친구8-민물고기의 세계》 와타나베 요시히사, 한국몬테소리(주), 1998
《미산 계곡에 가면 만날 수 있어요》 한병호, 보림, 2001
《민물고기 - 보리 어린이 첫 도감③》 박소정, 김익수, 보리, 2006
《민물고기를 찾아서》 최기철, 한길사, 1991
《민물고기 이야기》 최기철, 한길사, 1991
《비주얼 박물관 10-물고기》 웅진미디어, 1993
《봄나무 자연 책 3-물고기랑 놀자》 이완옥, 성인권, 봄나무, 2006
《빛깔있는 책들128-민물고기》 최기철 외, 대원사, 1992
《사계절 생태놀이》 붉나무, 돌베개어린이, 2005
《세밀화로 그린 보리 어린이 동물도감》 보리, 1998
《수많은 생명이 깃들어 사는 강》 정태련, 김순한, 우리교육, 2005
《쉽게 찾는 내 고향 민물고기》 최기철, 이원규, 현암사, 2001
《아동백과사전(1~5)》 과학백과사전종합출판사, 1993, 평양
《우리가 정말 알아야 할 우리 민물고기 백 가지》 최기철, 이원규, 현암사, 1994
《우리말 갈래사전》 박용수, 한길사, 1989
《우리나라 위기 및 희귀동물》 과학원마브민족위원회, 2002, 평양
《우리나라 동물》 과학원 생물학 연구소 동물학 연구실, 과학지식보급출판사, 1963, 평양
《우리 물고기 기르기》 최기철, 이원규, 현암사, 1993
《유용한 동물》 최여구, 아동도서출판사, 1959, 평양
《원색 한국담수어도감(개정)》 최기철 외, 향문사, 2002
《은빛 여울에는 쉬리가 산다》 김익수, 중앙M&B, 1998
《조선말대사전》 사회과학출판사, 1992, 평양
《조선의 동물》 원홍구, 주동률, 국립출판사, 1955, 평양
《조선의 어류》 최여구, 과학원출판사, 1964, 평양

《초등학교 새국어사전》 동아출판사, 1976
《초록나무 자연관찰여행-여러 민물 생물》 (주)파란하늘, 2001
《춤추는 물고기》 김익수, 다른세상, 2000
《특징으로 보는 한반도 민물고기》 이완옥, 노세윤, 지성사, 2006
《한국동식물도감 제37권 동물편(담수어류)》 교육부, 1997
《한국민족문화대백과사전》 한국정신문화연구원, 1995
《한국방언사전》 최학근, 명문당, 1994
《한국의 민물고기》 김익수, 박종영, 교학사, 2002
《한국의 자연탐험 49-민물고기》 전상린, 이선명, 웅진출판주식회사, 1993

교과서

《자연 체험 활동-자연과 함께 놀아요 2》 자연체험활동 집필위원회, 경상남도 교육청, 2003
《국어 읽기 2-1》 한국 교육 과정 평가원, 대한 교과서 주식 회사, 2003
《과학 3-1》 한국 교육 과정 평가원, 대한 교과서 주식 회사, 2002
《실험 관찰 3-1》 한국 교육 과정 평가원, 대한 교과서 주식 회사, 2003
《초등학교 자연 체험 활동-자연과 친해져요 3-4》 환경을 생각하는 경남 교사 모임,
  두산동아, 2004
《과학 4-2》 한국 교육 과정 평가원, 대한 교과서 주식 회사, 2003
《실험 관찰 4-2》 한국 교육 과정 평가원, 대한 교과서 주식 회사, 2003
《사회 5-1》 한국 교원 대학교 국정 도서 편찬 위원회, 대한 교과서 주식 회사, 2004
《과학 6-1》 한국 교육 과정 평가원, 대한 교과서 주식 회사, 2002
《국어 읽기 5-2》 한국 교육 과정 평가원, 대한 교과서 주식 회사, 2003
《초등학교 자연 체험 활동-자연과 가까워져요 5-6》 환경을 생각하는 경남 교사 모임,
  두산동아, 2004
《중학교 환경》 최돈형 외, 대한교과서(주), 2005
《중학교 과학 1》 정창희 외, 교학사, 1995
《고등학교 생물 Ⅱ》 권혁빈 외, (주)천재교육, 2005

그림 | 박소정
1976년 강원도 춘천에서 태어나 성신여자대학교에서 서양화를 공부했습니다.
2003년부터 동식물을 주제로 세밀화를 그리고 있으며, 그림책 작가로도 활동하고 있습니다.
쓰고 그린 책으로《나 혼자 놀 거야》,《상우네 텃밭 가꾸기》, 그린 책으로《온 산에 참꽃이다!》,
《내가 좋아하는 바다 생물》,《세밀화로 그린 보리 큰도감 민물고기 도감》들이 있습니다.

감수 | 김익수
서울대학교 사범대학과 대학원 생물학과를 졸업하고 중앙대학교에서 박사 학위를 받았습니다.
전북대학교 자연과학대학 생물학과 교수를 지냈으며, 한국어류학회 회장과 한국동물분류학회
회장을 역임했습니다. 쓴 책으로《한국의 민물고기》(공저),《한국어류대도감》(공저),
《춤추는 물고기》,《그 강에는 물고기가 산다》들이 있습니다.

취재 자문 | 조성장
1957년 충남 보령에서 태어났습니다. 우리 땅 곳곳에 발길이 안 닿은 데가 없을 만큼
취재와 채집을 많이 다닙니다. 지금은 '천연기념물 미호종개 복원사업'에서 연구원으로
일하고 있습니다.

취재 자문 | 이학영
1954년 경남 마산에서 태어났습니다. 한국자생어종연구협회 회장으로 있으면서 민물고기를
연구하고 있습니다.《하늬와 함께 떠나는 물고기 여행》이라는 책을 냈습니다.